www.alitalia.de
24h bequem und günstig
Entdecken Sie unsere online Angebote.
Rom ab 104€
Mailand ab 135€
Süditalien ab 209€
Endpreise für Hin- & Rückflug inkl. Steuern und Gebühren.
Sie sparen weitere 10 € bei Buchung eines E-tickets*.
Alitalia

# Rom

## Die Ewige Stadt präsentiert sich runderneuert

## Liebe Leserin, lieber Leser,

Rom hat so viele Kunstschätze und Sehenswürdigkeiten, dass kein Computer sie bisher katalogisieren konnte. Selbst einfache Ton-Scherben, wie sie zuhauf auf dem Disko-Hügel im Vergnügungsviertel Testaccio lagern, haben eine Geschichte: Sie stammen von Amphoren und sind um die 2000 Jahre alt.

**WO ROM AM RÖMISCHSTEN IST**
In Rom führen alle Wege zur Spanischen Treppe. Unbedingt sollte man das Renaissance-Bauwerk erklimmen, um von der Kirche Trinità dei Monti den Blick bis zum Petersdom zu genießen

Dabei ist Rom auch im 2757. Lebensjahr attraktiv wie wenige andere Städte – manchmal anstrengend und chaotisch, aber immer überwältigend. Das liegt auch an der Lässigkeit, mit der die Römer mit ihrer Geschichte umgehen: Rockkonzerte im Circus Maximus, Mondscheinspaziergänge über das Forum Romanum, klassische Konzerte auf der Piazza und in den Innenhöfen der Palazzi – mit so viel Schönheit lässt sich leicht *bella figura* machen.

Dabei ist die Stadt seit dem Heiligen Jahr 2000 in umso besserer Form. Die aufwändigen Restaurierungen, ein Gemeinschaftswerk von Vatikan und rot-grüner Stadtregierung, haben sich ausgezahlt. Da wird es manchem Besucher der Ewigen Stadt ergehen wie Johann Wolfgang von Goethe, der sich hier inkognito von 1786 bis 1788 als „deutscher Maler Filippo Möller" vergnügte. Damals verschlug es dem Dichterfürsten – überwältigt von „Kirche und Palast, Säulen und Ruinen" – die Sprache. Zum Glück nur für kurze Zeit …

Angeblich führen ja alle Wege nach Rom. Ich kann Ihnen nur empfehlen, möglichst bald einmal (wieder) diese Richtung einzuschlagen.

Viel Spaß beim Lesen
wünscht Ihnen Ihr

Andreas Hallaschka
MERIAN-Chefredakteur

**EIN KOLOSSALES ERLEBNIS** hatte Heftredakteurin Swantje Strieder am Kolosseum. Bei ihrer Recherche über den Stadtteil Monti traf sie einen Legionär Seite 34

**ZU HAUSE** in Rom seit über 30 Jahren ist die Autorin Eva Kallinger. Von ihr stammt nicht nur der Info-Teil, sondern auch das Stück über die Handwerker Seite 42

**Herzlich willkommen an 100 000 neue MERIAN-Leser!**

100 000 Leser hat MERIAN laut der Allensbacher Werbeträger-Analyse 2004 hinzugewonnen. Damit erreichen wir nun Monat für Monat fast eine Million Leser. Diesen positiven Trend bestätigt auch die Media-Analyse II/04, die uns einen Leserzuwachs von 13 Prozent bescheinigt. MERIAN ist damit der Top-Gewinner der Reise- und Kulturzeitschriften.

>> Mehr MERIAN im Internet: www.merian.de

INHALT

# Rom

SEITE 34

## MONTI, DORF IN DER WELTSTADT

Wer einmal Fuß fasst im Viertel der Handwerker, Händler und Künstler, der zieht nicht mehr fort. Eine Hommage an Roms schönstes Viertel

## MERIAN | Info >>SEITE 116



\>> Titelthemen

SEITE 82

## FORUM ROMANUM

Hier lag der Nabel der Welt, als das alte Rom noch Gegenwart war: Eindrücke vom Alltag zwischen Tempeln, Bädern und Hallen aus dem Jahr 20 v. Chr.

SEITE 62

## SIXTINISCHE SELIGKEIT

Der Lohn aller Mühen: Die Wanderung durch die Vatikanischen Museen führt zu Michelangelos Fresken

SEITE 48

## UNTERNEHMEN VATIKAN

Die Schweizergarde, Schutztruppe des Papstes, bewacht den kleinsten Staat der Welt

SEITE 88

## OSTIA BEI NACHT

Rom trifft sich am Meer: Wie ein kleines Strandbad zum hippen Szenetreff wurde

SEITE 108

## ZU GAST IN KAISERS GARTEN

Entspannen, wo Kaiser Hadrian seinen Träumen nachhing: Ausflug zur Villa Adriana in Tivoli

Der neue FordMondeo Titanium TDCi

1957

1970

1976

1984

1991

1998

Rom war bereits fünfmal Thema für MERIAN. Die erste Ausgabe erschien 1957, die letzte 1998. 1976 widmete MERIAN dem Vatikan ein eigenes Heft

Wahrzeichen im Wandel: das Pantheon heute und auf einem Gemälde von 1776

## PANTHEON **Zeit**sprung

Die Piazza della Rotonda vor dem Pantheon ist im Jahr 2004 ein genauso beliebter Treffpunkt wie im späten 18. Jahrhundert, als der französische Maler Hubert Robert (1733-1808) die heitere Brunnenszene entwarf. Damals, 1776, umlagerten Handwerker und Marktfrauen den Barockbrunnen, der mit einem ägyptischen Obelisken geschmückt ist, heute genießen Römer und Reisende ihren Aperitif vor dem Pantheon, das Marcus Agrippa, Schwiegersohn des Augustus, 27 v. Chr. den Göttern weihte.

## STREUNER-VERTRETUNG **Politik für** Vierbeiner

Die engagierte Anwältin Monica Cirinnà verteidigt keine Kriminellen, sondern die 120 000 wilden Katzen, die zu Rom gehören wie die antiken Säulen und Statuen. Über die Hälfte von ihnen ließ die streitbare Tierdezernentin auf dem Kapitol sterilisieren, eine schwierige Aktion im katholischen Rom. Auch Vögel, Kriechtiere und vor allem herrenlose Hunde zählen zu ihrer Klientel. Für die ausgesetzten Hunde, die jedes Jahr im Sommer von ihren Herrchen der Allgemeinheit und sich selbst überlassen werden, ließ die 41-jährige Cirinnà acht Tierheime bauen. Die Politikerin fühlt sich aber auch für die Hinterlassenschaften der Vierbeiner, die Häufchen, verantwortlich. Leider, sagt sie, kümmerten sich viele Römer nicht um ihre neue „Tüten-Verordnung". Cirinnàs Urteil: „Schuld ist der Herr, nicht der Hund."

# ROMA

BENVENUTI WELCOME BIENVENUE WILLKOMMEN

Das Hotel Victoria ist ein 1899 erbautes Schweizer – Haus allererster Klasse.

Es befindet sich in unmittelbarer Nähe der Via Veneto, gegenüber dem Park der Villa Borghese und in Gehdistanz zum historischen Zentrum und den elegantesten Einkaufsstrassen Roms.

Das Hotel ist kürzlich seiner Entstehungszeit entsprechend – unter Wahrung seiner historischen Substanz und seiner Kunstwerke – stilvoll und individuell erneuert worden. Dabei wurde für die Bequemlichkeit des Gastes auch die modernste Technologie berücksichtigt.

Bekannt ist es für sein klassisch italienisch orientiertes Restaurant, der eleganten Bar aus den fünfziger Jahren, seiner romantischen Dachterrasse, den funktionalen Konferenzräumen und dem jederzeit gewährleisteten Garagendienst.

Wo immer Sie sich befinden:
Prompte, freundliche und mehrsprachige Bedienung sind ein Markenzeichen unseres Hauses.

HOTEL
VICTORIA
ROMA

FAMILIE WIRTH – DIREKTOR B. CAMBI
VIA CAMPANIA 41 | 00187 ROMA
TEL. 0039 06 47 39 31
FAX 0039 06 48 71 890
E-MAIL: info@hotelvictoriaroma.com
www.hotelvictoriaroma.com

Schuhputzerin Dallago

### GLÄNZENDES GESCHÄFT
## **Gut** gewienert

Ihr Laden ist klein. Viel zu klein für die vielen Slipper und Maßschuhe, die hier herumliegen. Rosalina Dallago sitzt mittendrin, die manikürten Hände mit Schuhcreme verschmiert. Die 40-Jährige ist Italiens Schuhputzerin Nummer eins. Das Ex-Model hat ein Faible für Schuhwerk und machte deshalb die Leidenschaft zum Beruf. In der Via Emilia eröffnete Dallago ihre Schuhputz-Boutique, nahe der Via Veneto. Botschafter und Millionäre, Unternehmer und Snobs lassen bei ihr putzen. Die attraktive Signorina wienert und repariert. Das Geschäft boomt und sie expandiert. Ihre erste Filiale hat sie am römischen Flughafen Fiumicino aufgemacht. Bürgermeister Walter Veltroni hat ihr auch bereits in der Innenstadt Platz für schicke Schuhputzbüdchen zugesagt. Darin sollen dann Rosalinas Angestellte sitzen und für acht Euro pro Paar die Schuhe der Passanten blitzen lassen.

### GEFÄHRLICHES PFLASTER Le **buche**

Moped fahren in Rom ist die Leichtigkeit des Seins: Bei frischem Fahrtwind braust man über Plätze, an barocken Palästen und Kirchen vorbei und lässt den Dauerstau hinter sich. Wären da nur nicht die verheerenden *buche,* die Straßenlöcher, die eine flotte Fahrt mit der Vespa zum russischen Roulette werden lassen – selbst für erfahrene *motorino*-Fans. Jährlich sterben auf Roms Straßen fünf Mopedfahrer, weil sie ein Loch im Asphalt nicht rechtzeitig sahen. Hunderte verletzen sich bei Stürzen. Der Protest der Römer gegen die *buche* wird immer lauter, aber die Stadtverwaltung reagiert nicht. Das Wetter sei schuld, heißt es, starker Regen spüle Teerflicken aus dem Asphalt und schon entstehe das nächste Loch. Zehn Fallgruben zählten die Bürger jüngst auf der viel befahrenen Via Nazionale – zehn Gründe, lieber zu Fuß zu gehen.

Mythos vom süßen Leben: Latin-Lover Mastroianni und Anita Ekberg

### FILM AB
## Cinecittà

In den Fünfzigern und Sechzigern war Rom Europas Hollywood. „Spartakus"-Kirk Douglas begeisterte als Sklavenheld und Charlton Heston feierte Erfolge mit „Ben Hur". 1960 drehte Meister Fellini seinen unvergessenen Film „La Dolce Vita", in dem Anita Ekberg mit Marcello Mastroianni in den Trevi-Brunnen stieg. Oft genug wurde Rom als Cinecittà totgesagt, doch seit dem „Talentierten Mr. Ripley" (1999) läuft die alte Traumfabrik wieder auf Hochtouren: Mel Gibson durchlitt in Rom seine „Passion Christi", hier meuchelten sich Martin Scorseses „Gangs of New York". Sogar deutsche Filmemacher haben die Stadt entdeckt: Gerhard Polt ließ seine Klamotte „Germanikus" vor antiken Kulissen spielen.

Himmlischer Blick auf den Vatikan: Der Ponte Sant' Angelo, den Gian Lorenzo Bernini mit zehn Barockengeln schmückte, ist die beliebteste Tiberbrücke

# **Zahlen**spiel

*__500__ Liter Wasser pro Einwohner und Tag lieferte das Netz der römischen Aquädukte Anfang des 3. Jahrhunderts n. Chr. __20 000__ Einwohner lebten Mitte des 14. Jahrhunderts in Rom. Heute leben __2,8__ Millionen Menschen in der Stadt, Tendenz sinkend. __900__ Touristenbusse kreuzen in der Hochsaison täglich durch die Stadt. __51__ Euro kostet das Schwarzfahren in Bahn und Bus. __24__ Brücken führen über den Tiber. __60 000__ Menschen haben im Petersdom, dem größten Gotteshaus des christlichen Abendlandes, Platz. __537__ Stufen führen von ganz unten hinauf zur Kuppel des Petersdoms. Im Jahr __1900__ wurde der Fußballclub Lazio Rom gegründet. Raum für __82 887__ Besucher bietet das Olympiastadion, Trainingsstätte von Lazio Rom. Mehr als __400__ Kirchen und Kapellen zählt die Stadt. Im Heiligen Jahr 2000 nahmen an __45__ öffentlichen Audienzen des Papstes insgesamt __1 463 500__ Pilger teil.*

Klassische Kulissen für das Sommerfestival: Forum Romanum

SOMMERFESTIVAL

## Estate **Romana**

Sting und Santana im Circus Maximus, Paul McCartney im Kolosseum, Oper in den Caracalla-Thermen: In lauen Sommernächten zeigt sich Rom von seiner besten Seite. Von Mitte Juni bis Ende September wetteifern die Veranstalter im Rahmen des Estate Romana, des römischen Sommerfestivals, mit Events in Innenhöfen, Plätzen und Parks. Besonders attraktiv: Führungen durch das beleuchtete Forum Romanum. Informationen (auf Italienisch) unter **www.estateromana.comune.roma.it**

STADTOASE SANTA CROCE

## Der letzte **Klostergarten**

Himmlische Ruhe mitten im Großstadtchaos finden Besucher hinter den Mauern des ehemaligen altrömischen Amphitheaters Castrense. Im Hof der **Basilika Santa Croce in Gerusalemme** liegt der einzige noch bewirtschaftete Klostergarten der Stadt, von denen es früher über 100 in Rom gab. Mönche wandeln hier, ins Gebet vertieft, an Kräuter- und Blumenrabatten vorbei. Besucher können an der Pforte rechts der Basilika mit *„Giardino, per favore"* um Einlass bitten.

Ora et labora: Klostergarten von Santa Croce in Gerusalemme

SICHERHEIT

# Pilger-Check **am Petersplatz**

Auch wenn Papst Johannes Paul II. 1981 fast einem Attentat durch den Türken Ali Agca zum Opfer gefallen wäre, galt der Petersplatz doch immer als friedlicher Andachtsort für Millionen. Terrordrohungen gegen das Oberhaupt der katholischen Kirche haben jedoch dazu geführt, dass jetzt jeder Petersdom-Besucher die Sicherheitsschleusen unter den Kolonnaden passieren muss.

Prüfung der Gläubigen: Carabinieri kontrollieren eine Pilgergruppe

## ROM | FLOP

**Auf keinen Fall sollten Sie *brutta figura* machen und ...**

>> ... im Restaurant einzeln bezahlen. In Italien werden Rechnungen im Ganzen beglichen.

>> ... mit kurzen Hosen und „Stachelbeerbeinen" herumlaufen. Römer legen viel Wert auf ein gepflegtes Äußeres. Beim Besuch von Kirchen sind nackte Beine und ein tiefes Dekolletee ohnehin tabu.

>> ... Getränke an einem der rollenden Stände (*bibite*) kaufen. Die Durstlöscher sind hier unverhältnismäßig teuer.

>> ... mit dem Auto durch die Stadt fahren. Das historische Zentrum ist zwar gesperrt, dennoch verstopfen hunderttausende Autos die Straßen. Nutzen Sie lieber U-Bahn und Bus.

>> ... Handtaschen und Kameras offen zur Straßenseite hin tragen. Sie wären nicht die Ersten, denen raffinierte Diebe ihre Wertsachen vom fahrenden Moped aus entreißen.

>> ... in der Trattoria nur ein Gericht bestellen. Es muss kein dreigängiges Menü sein, aber ein Salat oder ein Antipasto runden die Pasta oder den Secondo, das Hauptgericht, erst ab.

## ROM | TOP

**Unbedingt sollten Sie...**

>> ... mit dem Fesselballon 150 Meter hoch über Rom schweben und den Blick auf alle Sehenswürdigkeiten genießen (*mongolfiera* im Park der Villa Borghese, s. S.134)

>> ... sich an einem der römischen Trinkbrunnen erfrischen. Der Trick: den Hahn mit dem Daumen zuhalten, bis der Wasserstrahl durch eine zweite Öffnung Richtung Mund sprüht.

>> ... die Sicht vom Vittoriano genießen. Der Zugang hoch zu diesem Nationaldenkmal für Viktor Emanuel II. ist frei.

>> ... Gespräche mit italienischen Bekannten stets mit der Frage *„Come sta la famiglia?"*, also nach dem Wohl der Familie, eröffnen.

>> ... am frühen Abend draußen einen Aperitif nehmen und zusehen, wie die Römer in unnachahmlicher Eleganz *bella figura* machen.

Der Trick am Trinkbrunnen: Hahn unten zuhalten

Wer schätzt das nicht: dieses beruhigende Gefühl, in guten Händen zu sein. Und damit Sie auch in 12.000 Metern Höhe echte Geborgenheit erleben, kümmert sich jeder unserer Mitarbeiter täglich darum, Ihnen die Reise von Anfang an so angenehm wie möglich zu machen. Danke, dass Sie Lufthansa Ihr Vertrauen schenken.
www.lufthansa.com

Piloten, die bestens ausgebildet sind.
Mechaniker, die jede Schraube doppelt checken.
Flugbegleiter, die Sie zu Ende träumen lassen.
Alles für diesen Moment.
There's no better way to fly.
Lufthansa
A STAR ALLIANCE MEMBER

Foto: Milan Horacek

Als Familiengrab Kaiser Hadrians wurde die Engelsburg gebaut. Später war sie Festung und Liebestreff von Päpsten. Den Namen gab ihr der Erzengel Michael, der von hoch oben einmal das Ende einer Pest verkündet haben soll. Und in Giacomo Puccinis Oper „Tosca“ stürzt sich die Titelheldin singend von ihren Zinnen

# Starker Auftritt, große Oper

Ganz Rom ist eine Bühne, auf der sich drei Millionen Menschen gekonnt in Szene setzen. Vor jahrtausendealter Kulisse lässt die Stadt ihre Grazie und Grandezza spielen: Alltägliche Dramen, die jedes Publikum begeistern

Foto: Tommaso Bonaventura

# Im Bann von großen Geistern

Die Weisen der Antike hat Raffael im Studierzimmer von Papst Julius II. zum Symposium versammelt. Auf der Treppe seines Freskos „Schule von Athen“ sitzt, weitsichtig lesend, Diogenes im leichten Gewand, der Maler blickt als zweiter von rechts aus seinem Bild

Foto: Guido Gozzi

## Weit gereiste Pilger

# am Ziel

Petersplatz, Petersdom: Die Säulengalerie von Bernini, die Fassade von Maderno und die Kuppel von Michelangelo symbolisieren Macht und Pracht der katholischen Kirche

# Wasser von Weltruf

An einem Sammelbecken der antiken Wasserleitung baute Niccolò Salvi 1732 die prächtige Fontana di Trevi wie einen römischen Triumphbogen. Anita Ekberg ging hier für Fellinis „La Dolce Vita" im Abendkleid baden

Foto: Patrick Durand

Foto: Guido Cozzi

# Spiele mit dem Leben

Kaiser Vespasian begann 72 n.Chr. mit dem Bau des Kolosseums, Sohn Titus weihte es ein. 100 Tage im Jahr schwangen Gladiatoren das Schwert auf Leben und Tod, Tiere zerfleischten sich, und der Henker richtete zur Gaudi der Massen Verbrecher, als präsentiere er eine Zirkusnummer

Foto: Fulvio Zanetti

## Rangplätze für Roms größte

# Gala

Hingehen, hinsetzen, abwarten, was passiert. Stärkster Magnet der Hauptstadt ist die 1726 vollendete Spanische Treppe. Kaum einer der jährlich vier Millionen Rom-Besucher widersteht ihrer Anziehungskraft

# Dolce Vita im Chaos

Die Schöne am Tiber ist kurzatmig, hektisch und dennoch geneigt, sich der Ewigkeit zu überlassen. Nichts funktioniert und doch klappt irgendwie alles. Rom lehrt Gelassenheit im alltäglichen Wahnsinn

**Text: Christiane Kohl**

Der Himmel ist blau, lilafarbene Bougainvilleen blühen auf dem Gianicolo. Die römische Altstadt mit ihren Türmen, Kuppeln und Fassaden schimmert im Morgenlicht wie ein Haufen achtlos zusammengewürfelter Edelsteine. Gianni, mein ständiger Taxifahrer, widmet Rom kaum eines Blickes, ich heute auch nicht, denn ich muss zum Zug.

Auf der Piazza Venezia, die eigentlich für den Verkehr gesperrt ist, fahren die Autos wie immer kreuz und quer durcheinander. Abgase benebeln Fahrer, Fußgänger und Monumente gleichermaßen. Zielsicher bahnt sich Gianni einen Weg durch das Gewühl, vorbei am protzigen „Altar des Vaterlands“, den die Einheimischen despektierlich das Gebiss von Rom nennen. Kurz vorm Bahnhof sitzen wir erneut im wunderbaren Chaos fest. Rote Fahnen flattern, Megaphonstimmen krächzen, Autos hupen und Passanten schimpfen. Eine Demonstration! Wieder einmal. Und ich muss zum Zug. Heute sind die städtischen Angestellten, die Lehrer, die Bus- und Straßenbahnfahrer im Ausstand. Nur Taxis fahren. Ich bibbere inzwischen, ob ich's noch schaffe. Gianni hingegen bleibt völlig ruhig. Zentimeter für Zentimeter schält er den Wagen mit der Präzision eines Chirurgen aus dem Autopulk heraus. Ich erreiche schnaufend die Bahnhofshalle und blicke zur Anzeigetafel: Alles umsonst, mein Zug hat 55 Minuten Verspätung – genug Zeit, um noch mit Gianni einen Kaffee zu trinken.

So ist Rom: Kurzatmig, hektisch und dennoch stets geneigt, sich der Ewigkeit zu überlassen; betörend in seiner Schönheit und betäubend – durch die Abgase. Nichts funktioniert in dieser einzigartigen Stadt, aber irgendwie klappt alles; selten ist jemand pünktlich und doch werden die Dinge gerade noch rechtzeitig erledigt. Da können Heerscharen von Putztechnikern versuchen, die Fassade des Kolosseums aufzupolieren, das antike Gebäude, das täglich von einer Flutwelle von Autos umspült wird, präsentiert sich genauso schwarz wie vorher. Römische Stadtplaner mögen die ausgeklügeltsten Pläne für Fußgängerzonen im *centro storico* entwickeln – die Lawine der Blechkarossen walzt einfach darüber hinweg.

Wer die römische Bürokratie kennen lernt, wähnt sich rettungslos verloren und doch löst sich das Problem oft auf wundersame Weise. Da sitzt man stundenlang wegen eines unbedeutenden Anmeldeformulars in einer Amtsstube, plötzlich öffnet sich eine Tür, und alles ist geregelt. Wer einen lokalen Brief auf der Post aufgeben will, muss oft länger anstehen, als wenn er ihn eigenhändig vorbeibringen würde. Viele Institutionen in Rom verteilen ihre Post deshalb mit eigenen Boten. Wer nicht über einen solch luxuriösen Service verfügt, geht zur Vatikan-Post – die immerhin arbeitet mit apostolischer Präzision.

Häufig sehen die Amtsstuben der Hauptstadt verwahrlost aus, grau und schmutzig. Doch die Polizisten tragen weiße Stulpen und Handschuhe, wenn sie wie Raubtier-Dompteure versuchen, den wilden Verkehr zu zähmen. Eleganz ist eine Selbstverständlichkeit in dieser Stadt, die auf zwei Jahrtausende ästhetische Erziehung zurückblicken kann – nie würden sich die Eingeborenen erlauben, wie die Touristen in kurzen Hosen und Schlappen übers Pflaster zu schlendern. Wenn sie freilich im Auto sitzen, lassen sich die Römer von nichts und niemandem erziehen: Da gibt es Ampeln, vor denen kaum jemand hält, leuchten sie auch glühend rot. Haben die Planer kein Linksabbiegen auf Hauptstraßen vorgesehen, bahnt sich der Römer trotzdem seinen Weg. Kann man durch eine Einbahnstraße abkürzen, dann wird man sie auch in der verbotenen Richtung befahren.

Gern zeigen sich die Römer in großer Pose, doch sind es oft die profanen Dinge, die entscheiden. In der römischen Oper wurden so prachtvolle Inszenierungen auf die Bühne gebracht, dass der Etat gerade mal für eine Hand voll Vorführungen reichte. Umgekehrt aber drohte schon mehr als eine Premiere zu platzen, weil sich eine der sieben Gewerkschaften vom Dirigenten beleidigt fühlte. Was die Bühnenarbeiter im Theater, sind die Gepäcklader auf dem Flughafen. Allein bei der Fluggesellschaft Alitalia operieren zehn Gewerkschaften. Wenn sie nicht gerade streiken, dann machen sie wenigstens Dienst nach Vorschrift. Auf dem Aeroporto Fiumicino warten die Rom-Reisenden manchmal länger aufs Gepäck, als der ganze Flug von München oder Frankfurt gedauert hat: Erst tröpfeln drei oder vier Koffer aufs Band, dann ist erstmal Kunstpause.

Aber was ist schon eine Stunde im kollektiven Gedächtnis der Römer? In dieser Stadt, die vor gut einer Ewigkeit entstand, wird die Zeit nach anderen Maßstäben gemessen. Da kommt es im Verkehr allzu oft auf Sekunden an, wodurch ein Unfall bravourös verhindert wird; andererseits kann man Tage und Wochen auf einen Klempner warten. Punkt zwölf Uhr mittags wird nach alter Tradition vom Gianicolo-Berg ein Salutschuss abgegeben, damit die Römer ihre Uhren danach stellen mögen. Geht man jedoch durch die Gassen, zeigt fast jede öffentliche Uhr eine falsche Zeit an.

Rom lehrt Gelassenheit. Wer auf der Bank nicht mal ruhig abwarten kann, bis die Schalterangestellte ihre Privatgeschäfte wie Nägel lackieren oder mit dem *fidanzato*, dem Verlobten, telefonieren, erledigt hat, wird nie

Hilflose Verkehrsdirigenten: Blechlawine an der Piazza Venezia

gut bedient werden. Rechthaberei und übertriebene Eile bestrafen die Römer durch gnadenloses Ignorieren. Eine römische Verabredung, erzählt Gianni, der Taxifahrer, geht so: „Man macht ein Treffen für drei Uhr nachmittags aus. Wenn der eine bis vier nicht erschienen ist, dann geht der andere schließlich wieder." Römische Pressekonferenzen beginnen selten ohne Verspätung. Und wenn man in Rom eine Abendeinladung hat, spaziert man lieber noch dreimal um den Block. Nichts wäre unhöflicher, als pünktlich zu sein.

Nie wird in Rom etwas frühzeitig begonnen, alles geschieht auf den letzten Drücker – viele Gebäude werden erst nach der Einweihung richtig fertig gestellt. Und das hat gute Gründe: Ohne den Anreiz der *emergenza*, der Notfallsituation, blieben sie auf ewig heiße Luft. So dümpelte der Bau des Auditoriums von Stararchitekt Renzo Piano viele Jahre vor sich hin, bis Roms Bürgermeister Walter Veltroni diktatorisch einen Einweihungstermin ansetzte. Plötzlich griffen die Poliere zur Kelle – freilich musste die Konzertarena nach der Einweihung monatelang überholt werden.

Für die Renovierung des wunderbaren Museums in der Villa Borghese gingen weit über 20 Jahre ins Land. Wieder hatte Veltroni, damals noch als Kulturminister, Druck gemacht. Der gebürtige Römer versucht seit einiger Zeit, die ewige Stadt behutsam zu verjüngen: In verlassenen Fabrikgebäuden wurden Theater, Kulturzentren und ein Gourmet-Kaufhaus eingerichtet, im Circus Maximus finden Popkonzerte statt. „Wir müssen die Konkurrenz in London und Paris überbieten und dabei unsere Einzigartigkeit bewahren", sagt Veltroni, der von seinem Amtszimmer im Kapitol auf die einmalige Kulisse des Forum Romanum schaut: *caput mundi*, das Zentrum der Welt, das die Römer im Mittelalter einfach als Steinbruch nutzten. Denn nur der Pragmatiker kann in Rom überleben. Ganze Stadtverwaltungen waren bis Anfang der neunziger Jahre im Korruptionssumpf versunken. Was Wunder, dass die Bürger zur Selbsthilfe schritten: Laut Statistik wurden in den vergangenen Jahren täglich sieben Schwarzbauten fertig gestellt, Hotelkomplexe wuchsen ohne Baukontrolle.

Wo immer man gräbt, stößt man auf die Spuren der alten Römer, wohl auch deshalb fühlt sich die Stadt nach dem Bau von zwei kümmerlichen Metro-Linien völlig verausgabt. Allerdings läuft's über Tage noch schlechter. Es gibt nur wenige Tramlinien und die ständig überfüllten, schlecht gefederten Busse, deren Fahrer sich statt am Fahrplan an den Intervallen ihrer Zigarettenpausen orientieren. Samstagabends oder gar bei Regen ein Taxi zu finden, ist fast noch hoffnungsloser, als eine Privataudienz beim Papst zu bekommen. Weil das alle Römer wissen, sind sie meist mit dem Auto unterwegs, und so bilden sich selbst nachts um eins fröhliche Staus am Tiber: Autoradios lärmen, Wageninsassen singen – Verkehrschaos als Ausdruck von Lebensfreude.

Knapp drei Millionen Menschen leben in der Stadt, ein Meer von Mietshäusern und Palazzi umspült Kirchen, Klöster und den Vatikan. Rom ist Metropole, Moloch und zugleich ein wunderbares Dorf. Die Römer sind herzlich und hilfsbereit, man wird schnell mit ihnen bekannt. Der Metzger, die Dottoressa und der Priester – beim morgendlichen Cappuccino stehen alle zusammen in der Kaffeebar. Der Weinhändler gewährt schon beim dritten Besuch Kredit, die Reinigungsfrau macht *complimenti* über die Kleidung und der Zeitungshändler diskutiert versiert die politische Lage. Sucht man einen Parkplatz in der Innenstadt, vertraut man seinen Autoschlüssel einem jener selbst ernannten Parkwächter an: *„Ci penso io"* – sagt er dann, das erledige ich schon.

Die Leute meines Vertrauens, *persone di fiducia*, sind es, die Rom so lebenswert machen: Da ist Mario, der Portier, der meine Blumen gießt, wenn ich verreise; Giorgio, der Schreiner, der noch die Kunst der Handpolitur beherrscht, und natürlich Taxifahrer Gianni, der in Wirklichkeit anders heißt. Früher gehörte auch er zu den Glücklichen, die das *centro storico* bevölkerten, jetzt wohnt er in einem gesichtslosen Neubauviertel an der Peripherie. Wehmütig erinnert er sich, wie die Leute in Trastevere abends ihre Pastaschüsseln nach draußen trugen und zusammen auf der Straße aßen. „Mir fehlen die Nachbarn, der Lärm und Krach", sagt er. Ein echter Römer wie er hat die Kirchen, Ruinen und Paläste, zu denen er die Touristen fährt, nie von innen gesehen. Nur die Kuppel des Petersdoms hat er schon bestiegen: als Schüler und später mit der Verlobten.

Wir sind unterwegs zum Flughafen, wie immer auf den letzten Drücker. Gianni erzählt und erzählt. „Ich mache eine ganz schön komische Figur, wie?", sagt er plötzlich und tritt aufs Gas. Übrigens hat Gianni nie eine Fahrprüfung gemacht. Den Führerschein gab es damals preisgünstig bei einem Händler zu kaufen. Gianni wäre kein echter Römer, wenn er da nicht zugegriffen hätte. □

**Christiane Kohl**, *Korrespondentin der* Süddeutschen Zeitung, *lebt seit 1996 in Rom.*

“Die Freude, ein einzigartiges Land voller Licht ... Farben ... Aromen zu haben. Die Freude, eine Geschichte, die so alt ist wie die Welt ... die Wärme und Gastfreundschaft der Menschen ... die Menschen Siziliens zu haben. Und diese Menschen haben die Freude, Sie ... über das ganze Jahr hinweg als Gast ihrer Traditionen zu haben ... die Freude, Sie eingetaucht in die Ereignisse ihrer Kultur zu sehen, die Freude, Sie an Ihrer Seite zu haben, um unvergessliche und berührende Ereignisse auf der aufregendsten Bühne des Mittelmeerraums zu erleben.

Folklore, Musik, Theater, Sport, religiöse Traditionen
Ein Jahr voller Veranstaltungen auf der Bühne Sizilien !!

Die Freude zu haben ... die Freude Sie zu haben ”

*Sizilien, alles andere liegt im Schatten*

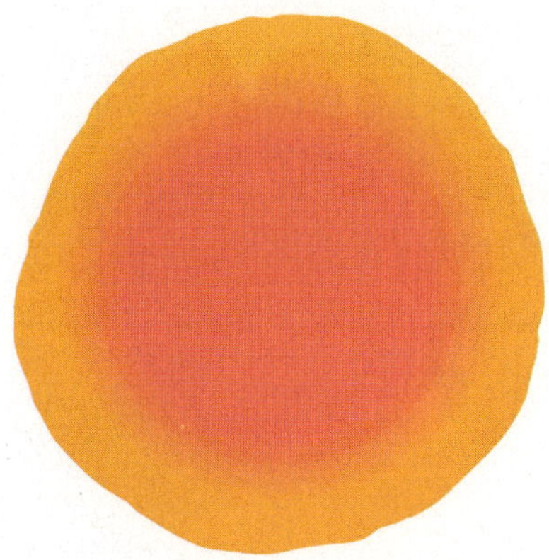

**Ein Jahr voller Veranstaltungen auf der aufregendsten Bühne des Mittelmeerraums.**

POR

Region Sizilien
Assessorat für Fremdenverkehr
Kommunikation und Transport

SIZILIEN
Alles andere liegt im Schatten.

www.regione.sicilia.it/turismo

Fernab vom Großstadtleben und doch noch mittendrin: Kramläden und Werkstätten in der Via Madonna dei Monti

# Monti

Text: Swantje Strieder Fotos: Gerald Hänel

## das Herz von Rom

**Wenn Meister Fellini noch einmal das pralle Römerleben filmen wollte, käme er nach Monti. Hier, hinter Kolosseum und Forum Romanum, gibt es sie noch, die alten Händler, Handwerker und die Damen, die keine sind**

Lehrerin Lilia, mit Tochter (li.) und Enkelin, kennt alle im Viertel. Auch Schlachtermeister Pietro Stecchiotto, der Italiens Staatspräsident im nahen Quirinalspalast mit bestem Fleisch versorgt. Wenn der Blumenmann mit seiner grünen Ape vorfährt, kommt Frische ins Karree

Nachbarn unter sich: Die Abendsonne genießen die Monticiani am Brunnen der Piazza della Madonna dei Monti

Spät nach Mitternacht, wenn nur noch der Brunnen eintönig plätschert und höchstens einmal ein Kater liebeshungrig raunzt, dringt plötzlich Geschrei von der Piazza. Schlaftrunken drücke ich mich ins Kissen, doch vor der femininen Kreissäge gibt es kein Entkommen – nicht jede Römerin ist eine Callas. Jetzt sind die Streitenden genau unter meinem Fenster und ich erkenne Antonellas Stimme. Die wilden Szenen mit ihrem Latin Lover, der übrigens ein Albaner ist, sind im ganzen Viertel bekannt. „*Brutto stronzo*, hässlicher Mistkerl, du!“, schimpft die massige Römerin mit der strohblonden Barbiefrisur, „wo hast du dich wieder rumgetrieben! Mach's doch, mit wem du willst!“ Das sonore Organ des Albaners scheint die Dame, die keine ist, nicht zu überzeugen, denn nun schallen Antonellas Verbalinjurien forte fortissimo von den Hauswänden, während das männliche Contra immer schwächer wird.

Ich schaue zum Haus gegenüber, ob sich bei meiner Freundin Lilia, sie ist Lehrerin, etwas rührt. Nichts! Die Heuchlerin! Sicher lauscht sie wie alle anderen gebannt der Opera buffa auf der Gasse. Jetzt hat nämlich Marco, der Rentner nebenan, seinen Auftritt. Joghurtgläser fliegen durch die Nacht, zerscheppern auf dem Pflaster neben dem Dreiradkarren vom Tischler Caetano. Marco, den sie nur den „Faschisten“ nennen, pöbelt von Huren, Hurensöhnen und Zuhältertypen, was zwar grob unhöflich, aber nicht ganz falsch ist. Langsam ebbt das streitende Terzett ab, Antonella scheint die Luft auszugehen und nach einem fast geschluchzten „Verpiss dich“ knallt sie die Haustür zu. Der Albaner verschwindet, nur Marco brabbelt noch ein Weilchen.

Wenn Meisterregisseur Federico Fellini oder Macho-Schriftsteller Alberto Moravia sich posthum noch einmal auf die Spuren des farbigen, prallen Römerlebens machten, würden sie hierher nach Monti kommen. In das Viertel, das zwischen den drei Hügeln Quirinal, Esquilin und Viminal und dem Forum Romanum liegt und sich seit Cäsars Zeiten stolz IV. Rione, also 4. Innenstadtregion, nennen darf. Hier residierte Maecenas, der Abramowitsch der Antike, der seine Haus- und Hofdichter Vergil und Horaz mit Villen beschenkte. Patrizier und Plebs wohnten dicht aufeinander. Wo sich heute die barocke Schönheit von Santa Maria Maggiore erhebt, lag der Huren- und Sklavenfriedhof. Da war es nachts ebenso wenig geheuer wie im Handwerker- und Arme-Leute-Viertel Suburra direkt hinterm Trajansforum. Hier ging Schreckensherrscher Nero inkognito spazieren, um zu erlauschen, was das Volk von ihm hielt. Messalina, die Gemahlin Kaiser Claudius', soll sich mit ihren Liebhabern in verschwiegenen Wohnungen vergnügt haben.

Der Krach war damals schon ohrenbetäubend. Er sei krank vor Schlaflosigkeit, beklagte sich der Satiriker Juvenal 120 n. Chr., weil Ungehobelte mitten in der Nacht Ziegel, Nachtpötte und

## Hier ging Nero inkognito spazieren

Bei Roberto am Zeitungskiosk wird noch römischer Dialekt geschwätzt, seine Katze gehört zum Inventar

Öllämpchen aus dem Fenster warfen. Ganz wie Marco letzte Nacht. Alles beim Alten!

Natürlich hat auch das über 2000 Jahre alte Römerviertel Monti ein modernes Facelifting durchgemacht. Die größte Bausünde geschah schon im 19. Jahrhundert, als die Via Cavour das Viertel wie mit einem Schlachtermesser zerteilte. Viele alte Bewohner sind an den Stadtrand gezogen, wo es für weniger Miete mehr Supermärkte und mehr Parkplätze gibt. Auf den Dachterrassen von Monti trocknet keine Wäsche mehr, da nippen Chefärzte, Chefbanker und Chefredakteure an ihren orangeroten Camparis mit standesgemäßem Blick aufs Kolosseum. Im Untergeschoss der Häuser haben Schneider, Tischler, Schmiede und die traditionellen Wein- und Olivenöl-Handlungen edlen Boutiquen Platz gemacht. Und in den Hinterhöfen hört man immer weniger *bambini*, ausgerechnet das kinderliebe Italien hat eine der niedrigsten Geburtenraten der Welt.

Doch es gibt sie noch, die alten Händler und Handwerker um die Piazza della Madonna dei Monti, die ihr schönes Viertel um keinen Preis verlassen würden. Seit beinahe 40 Jahren werkeln die Kfz-Meister Bruno und Angelo Perella brüderlich in ihrer winzigen Doppelwerkstatt in der Via degli Zingari. „Solche Monster", sagt der grauhaarige Angelo und zeigt mit dem ölverschmierten Daumen auf einen protzigen Geländewagen, „die kriegen wir bei uns gar nicht rein." Liebevoll wendet er sich dem knallroten Floh auf der Hebebühne zu. Ein Fiat 500, den die Italiener „Topolino", Micky Maus, nennen. Antonella, die nächtliche Kreissäge, hält es sich sogar zugute, dass sie den Trend umgedreht und aus einer Pleite gegangenen Kunstgalerie wieder einen echten Betrieb, wenn auch des horizontalen Gewerbes, gemacht hat. Mit Mitte fünfzig fühlt sie sich jetzt langsam zu alt für ihren Beruf, der ihr immerhin drei Pelzmäntel, ein Hündchen mit Diamantenhalsband und eine schöne Wohnung eingebracht hat. Jetzt firmiert sie als *tenutuaria*, zu Deutsch Inhaberin, und lässt ihre drei angeblichen Nichten arbeiten.

„Eigentlich sind wir der größte Rione von Rom, Monti geht weit übers Kolosseum hinaus bis hin zum Lateran", sagt Roberto, der Zeitungsverkäufer, und streichelt die getigerte Mieze, die seinen Kioskstuhl okkupiert hat. Aber für einen echten Monticiano wie ihn zählt nur der Dunstkreis um die Piazza della Madonna dei Monti, wo noch *romanesco*, römischer Dialekt, geschwätzt wird. „Hier", sagt der 66-Jährige und schlägt sich mit seinen vom Zeitungsbündeln schwieligen Pranken auf die Brust, „hier bei unserer Madonna schlägt das Herz von Rom!"

Das Herz besticht durch seine Schlichtheit. Tatsächlich gehört die Piazza della Madonna dei Monti mit dem Renaissance-Brunnen von Giacomo della Porta zu den schönsten Plätzen einer mit Kunstschätzen überreich gesegneten Stadt. Zwei Kirchen, eben Madonna dei Monti mit barock busenförmiger Kuppel und die einfache Basilika der Heiligen Sergio und Bartolomeo, zwei Cafés mit Tischen draußen, ein Eismacher, ein Gemüseladen und eine Trattoria säumen den Platz. „Nur schade, dass die Confisseria Licata mit den Erdbeertörtchen zugemacht hat", sagt Roberto. Dafür floriert sein Zeitungskiosk, den er mit Bruder Franco führt, umso mehr. Damit die Kunden wissen, wo's lang geht, weht obendrauf das rotgelbe Fähnchen der AS Roma. Wehe den Fans von Lazio, Roms zweitem großen Fußballverein! „Früher prügelten wir uns mit den Jungs aus Trastevere", sagt Franco grinsend, während er Giorgio, Lilias Mann, seine tägliche *Repubblica* entgegenstreckt, „heute hauen wir nur noch die Fans von Lazio, nicht wahr, Professore!" Giorgio, alltags ein sanfter Psychiatrie-Professor, sonntags geouteter Fußballverrückter, der oft mit dem weißblauen Lazio-Schal ins Stadion geht, guckt geschmerzt.

Die Via Panisperna ist die lauteste, hügeligste und originellste Gasse in Monti. Von der milchig weiß schimmernden Santa Maria Maggiore könnte man eigentlich bis zum Trajansforum sehen, wenn

## Monti hat sich die Ruhe bewahrt

Parken im Schatten des Kolosseums: Für die Bewohner von Monti gehören klassische Monumente zum Alltag

Hundstage am Renaissance-Brunnen der Madonna dei Monti: Selbst der heißeste Sommer plätschert hier entspannt dahin

Automechaniker Bruno Perella liebt seinen roten Fiat 500, den er umweltfreundlich auf Gas umgerüstet hat

die schöne Straße nicht an der päpstlichen Universität Angelicum einen Knick machen würde. Eine fromme Straße, wo neben anderen Basiliken auch die älteste von 31 römischen San-Lorenzo-Kirchen steht. Der Straßenname Panisperna kommt angeblich von *panis et perna*, Brot und Schinken, welche die Nonnen von Santa Chiara zum Fest von San Lorenzo an die Armen verteilten. „Erst gab es keinen Schinken mehr, nur noch ein gebenedeites Brötchen", erzählt Pietro Stecchiotto, der alte Fleischermeister an der Ecke, „und zum Schluss gab's eben gar nichts mehr von der Kirche."

Es ist kurz nach acht. Gerade rasen die Blaulichtlimousinen der Herren Minister und Staatssekretäre an seinem blitzblanken Fleischgeschäft vorbei. „Es gibt genug ‚Schwarze' hier", sagt Pietro und nickt in Richtung Innenministerium und San-Lorenzo-Kirche, wo eine Nonne gerade das Gitter zur Morgenandacht aufschließt. Pietro ist das, was man einen guten alten Linken nennt. „Ich war ja schon mit dem Sandro in der Sozialistischen Parteisektion Monti", erzählt der 61-Jährige, während er einen duftenden Norcia-Schinken aufschneidet. Sandro? Natürlich Sandro Pertini, der heiß geliebte italienische Staatspräsident (1978 bis 1985). Als Pertini dann *presidente* wurde, sagte er: „Pietro, ich will auch auf Empfängen gutes Fleisch essen, ab morgen lieferst du in den Quirinalspalast!" Seither geht der Schlachter bei Präsidentens ein und aus, auch Pertinis Nachfolger bestellen bei ihm. „Aber kein Staatsoberhaupt ist so beliebt wie Sandro es war", sagt Pietro, während er feine toskanische Kalbssteaks säbelt.

In der Via degli Zingari, der Straße der Zigeuner, die dort einst als Kesselflicker lebten, gibt es keine Roma und Sinti mehr. Nur eine Gedenktafel an der Wand des Katholischen Instituts Angelo Mai erinnert an die düsteren Zeiten im Oktober 1943, als die Lastwagen der Gestapo vorfuhren und aus ganz Rom mehrere tausend Juden, Roma und Sinti deportierten. Was dann kam, hat Roberto Benigni in seinem traurig-schönen KZ-Film „La vita è bella" („Das Leben ist schön") verewigt. „Ich war ja damals noch ein Junge", sagt der alte Ciccio de Veroli mit den Stummelzähnen, „ich bin einer der wenigen Juden von Monti, die überlebt haben!"

Der alte Mann steht gebückt vor seinem Kramladen in der Via Baccina. Sein faltiges Gesicht verzieht sich kaum, nur die blauen Augen zucken leicht, als er meinen deutschen Akzent erkennt. „An jenem Morgen sagte mein Vater: Versteck dich bei den Nonnen in der Via Ibernesi", erzählt er und belädt seinen Dreiradkarren mit Gerümpel. Neun Monate hielt er sich im Kloster verborgen. „Da durfte ja eigentlich kein männliches Wesen rein, aber die Mutter Oberin hat die Hand über mich gehalten." Seine Eltern überlebten, die Nachbarn hat Ciccio de Veroli nie wieder gesehen.

Am frühen Abend treffen sich alle auf der Piazza della Madonna dei Monti. Franco Franca, der schwarz geschminkte Transvestit, raucht eine auf den Brunnenstufen, Marco geht brabbelnd vorbei. Ein paar Jungen ballern gegen das Kirchenportal. Lilia führt Nina und Pina aus: Nina, ihre zweijährige Enkelin, zieht zum Brunnen, während Pina, die alte Dackeldame, nach Hause zerrt. Professore Giorgio und Franco, der Zeitungsmann, sind beim Thema Nummer eins, Fußball. Francesco erzählt mir, dass seine Jagdhündin, die höchstens einmal Katzen verfolgt, 14 Junge geworfen hat. Ob ich nicht einen Welpen haben möchte? Ich liebe Hunde, aber ich finde, es gibt schon genug Hundekot in Monti. Neulich hat ein Zeitgenosse ein Pappschildchen in einen frischen Haufen gesteckt. „Lieber Hund, das Schwein von deinem Besitzer hat vergessen, hinter dir sauber zu machen!" Genützt hat es nichts. □

**Swantje Strieder,** *Redakteurin dieses Heftes, lebte von 1987-94 als freie Autorin in Rom und fühlt sich in Monti noch immer daheim.*
**Gerald Hänel,** *freier Fotograf aus Hamburg, genoss das Leben auf der Piazza.*

# „Ciccio, versteck dich bei den Nonnen"

**Sie lieben ihre Arbeit und ihr Quartier. Roms Altstadt wäre ärmer ohne die *artigiani*: Handwerker und Händler mit Stil, Charme und gutem Geschmack**

**Text: Eva Kallinger, Fotos: Samuel Zuder**

# Meister und ihre Metiers

## Der Star der Stiefel
## Carlo Marini

Via Crispi 97
Tel. 066 79 38 58
Mo-Fr 10-13, 15-19,
Sa 10-16 Uhr (M 2)

Marcello Mastroianni fuhr im Fiat 500 vor. Aber mit Chauffeur, versteht sich. Der Schauspieler kam ins Atelier von Carlo Marini in der Via Francesco Crispi nahe der Via Veneto, um seine bestellten neuen Schuhe anzuprobieren, gefertigt von einem 1,90 Meter großen Schuster-Hünen, der unter einem Firmament von hölzernen Füßen seinen berühmten Kunden begrüßte und ihm das von Hand geschnittene und genähte Paar präsentierte. Mastroianni trug die Schuhe später im Film „Ginger und Fred".

Der 53-jährige Marini kennt die Füße der Prominenz in allen Details. Mehr als 1000 hölzerne Leisten hat er so exakt geschnitzt, dass seine Schuhe später eine exakte Passform garantieren. Etwa 50 Stunden Arbeit pro Paar rechnet der Meister, der sein Metier von Vater und Großvater erlernt hat, für Mokassins, Reitstiefel oder klassische Halbschuhe, ehe er ihnen in Gold das Monogramm des Kunden auf die Sohle prägt.

Wer bei Marini seinen Fußabdruck lässt, kann sicher sein, dass der Meister penibel jeden noch so kleinen Defekt an Zehen oder Ferse berücksichtigt, wenn er die passenden Leisten schnitzt. „Oft sind die Beine nicht gleich lang. Dann mache ich eben den einen Absatz etwas höher", sagt der Meister.

Seine Schuhe sind Kunstwerke. Die Passform muss perfekt sein, die Proportionen müssen stimmen. „Sehen Sie sich das Modell an, Größe 45, und es sieht aus wie 43." Der glückliche Träger muss schließlich *bella figura* machen. Das galt einst auch für König Hassan II. von Marokko, für Anthony Quinn oder Gregory Peck. Als sich Hassan II. einmal als Geschenk für die englische Königin ein Paar Reitstiefel ausdachte, bestellte er sie in der Via Crispi.

Meistens fertigt Marini Traditionsmodelle für Herren, aber auch zeitlose Formen für die Dame. Seine Geschäftsreisen führen ihn inzwischen bis nach Asien, aus Tokio kam er neulich mit den Maßen von 20 Managerfüßen in kleineren Größen zurück.

Zu den besten Auftraggebern der römischen Gesellschaft gehören heute die *rampolli*, Erben italienischer Großindustrieller wie Giovanni Agnelli, und Aristokraten mit jahrhundertelangen Ahnenreihen. Genauso gerne arbeitet Marini aber auch für Kunden ohne großen Namen und mit schmaler Börse, die sich einmal im Leben den Luxus handgefertigter Schuhe oder Stiefel leisten wollen – für mindestens 1200 Euro das Paar.

Schuhe nach Maß für die Füße von Stars und Aristokraten: In Carlo Marinis Werkstatt hängen die Leisten unter der Decke

Jedes Blatt ein Schatz: Seit Jahrzehnten bringen Buchliebhaber ihre abgestoßenen Folianten zu Aldo Fefe

## Der Buchkünstler
# Aldo Fefe

Via della Stelletta 20 b
Tel. 06 68 80 35 85
Mo-Sa 8-20 Uhr (K3)

Vorsichtig wie eine Schachtel mit rohen Eiern trägt der rundliche Mann den schweren Packen Papier vor sich her. Aldo Fefe legt die exakt geschichteten Zeitungen auf den großen Marmortisch, pinselt behutsam Kleister auf den Rücken des Stapels, unterbricht, gießt ein wenig Wasser nach in den Joghurtbecher, damit die sämige Pampe ja keine Klumpen bildet. „Sonst fange ich wieder von vorne an", grantelt er.

Der 63-jährige Fefe ist Buchbinder und Restaurator alter Folianten. In seinem Geschäft nahe beim italienischen Parlament türmen sich die wertvollsten Bücher in verschiedenen Sprachen. Bei einer Ausgabe von Dantes „Divina Commedia" von 1871 soll Fefe die abgestoßenen Ecken erneuern, eine alte Bibel braucht einen neuen festen Lederdeckel; dem Leinenband über die Petersbasilika soll der Meister den ramponierten Rücken ersetzen. Hunderte von Papierrollen lagern in den Regalen von Fefes 40 Quadratmeter kleinem Laden, runde und eckige Schachteln liegen rechts vom Eingang, Fotorahmen, Notizbücher in lila, grün, blau oder verziert zarten Mustern, außerdem Siegel mit Initialen, Sternzeichen oder Herzen für Hochzeitseinladungen oder Liebesbriefe.

Wie viele römische *artigiani*, Handwerker, hat auch Aldo Fefe sein Angebot erweitert. „Mit der Buchbinderei allein kann ich nicht überleben", sagt er. Ehefrau Chiarina klebt weißes Papier mit lila Blumen und gelben Mimosen in eine Hutschachtel. Die Flaute im Geschäft begann Anfang der neunziger Jahre, als die *finanza allegra*, die ungehemmte Spendierwut der Politiker ihr Ende fand. Korruptionsermittler rückten auf einmal Fefes Auftraggebern, den Parteien und öffentlichen Ämtern, auf die Pelle. Die Gelder wurden knapper, und die Kunden aus Politik und Wirtschaft beglichen ihre Rechnungen oft erst nach Monaten oder überhaupt nicht. „Jetzt kommen kaum mehr Politiker, aber das ist uns auch lieber so. Die wollen immer *tutto e di più* (alles und noch was drauf) und das am liebsten umsonst", meint Chiarina Fefe.

Ihr Mann hantiert derweil mit einem 230 Jahre alten Atlas, einer „Geographia Antiqua" mit lateinischen Texten. Er dreht die Schwarte nach allen Richtungen, untersucht Rücken und Einband, schiebt die Brille auf den kahlen Schädel und legt sie dann zufrieden auf den Marmortisch neben das grüne Leder, das er für den Rücken ausgewählt hat.

„Hier haben wir als Kinder gegessen", sagt Aldo Fefe, „meine Mutter hatte ihre vier Kleinen bei der Arbeit immer dabei." In einer Ecke steht noch die Eisenstange, mit der Aldos Eltern den Ladeneingang versperrten, vor dem früher direkt die Tram vorbeirumpelte. Mamma nähte auch schon auf der Singer-Maschine aus den zwanziger Jahren, an der Chiarina gerade die Kinderbeilage zusammenheftet, mit der die Mailänder Zeitung *Corriere della Sera* ihre jungen Leser beglückt. Die schwere Schneidemaschine hinten im Geschäft könnte gut als Museumsstück durchgehen.

Auch im Ausland werde seine Arbeit geschätzt, sagt Fefe. Ein bibliophiler Geistlicher aus München kommt jedes Jahr zu ihm. Mal hat er ein Messbuch dabei, mal einen Erbauungstraktat. „Er sagt, bei mir koste es immer noch ein Drittel weniger als in Deutschland."

Ein Leben zwischen Pecorino und Parmigiano: Gourmet-Marktfrau Guiliana Pettini führt die edelsten Käse in Trastevere

## Käse mit Charakter
# Giuliana Pettini

Piazza San Cosimato
Trastevere
Mo-Sa 8-14 Uhr (I 6)

Keiner kann wie sie über die frugalen Dinge dieser Welt diskutieren. Käse aller Arten und Geschmäcker, von der Kuh, der Büffelin, der Ziege oder vom Schaf. Ihre Augen leuchten, wenn sie von ihrem „wuuunderbaaarsten Käse" erzählt, dem Caciocavallo Podolico. „Podolico-Rinder sind halb wilde Tiere, die niemals im Stall stehen, sondern immer laufen müssen und nur frische Gräser fressen", erklärt Giuliana Pettini. Die eigensinnigen Wiederkäuer, die einst die Barbaren im fünften Jahrhundert aus Osteuropa ins römische Imperium trieben, geben noch dazu verdammt wenig Milch. Das hat seinen Preis: 69 Euro das Kilo Käse. Aber glückliche Kühe, glückliche Kunden. Die Marktbude von Signora Pettini gilt als Topadresse für Käseliebhaber. Der Schinken, der über dem Tresen hängt, kommt aus dem umbrischen Norcia und trägt das Gütesiegel DOP, *di origine protetta*. Das garantiert, dass die Ingredienzen auch wirklich aus Umbrien stammen und nicht nur dort verarbeitet wurden, wie es angeblich manchem nordischen Schweinehintern in der Region Parma widerfahren sein soll. Die Spaghetti, Rigatoni und Kekse aus feinstem Hartweizenmehl bezieht Giuliana aus dem apulischen Altamura. Schließlich pflegt jede Region Italiens noch ihre Spezialitäten.

„Mit zwölf bin ich raus aus der Schule und fing bei meinem Vater an zu arbeiten", erzählt die 64-Jährige. Fünf Käsesorten, ein wenig Wurst und Speck, das war alles, was Papa im Angebot hatte. Damals, vor 50 Jahren sah das Leben in Trastevere anders aus. „Viel praller und bunter." Eingekauft wurde ganz früh am Morgen, die Arbeit am Markt begann um halb sechs, danach wuschen die Frauen Berge von Wäsche am Brunnen auf dem Gianicolo, dem Hausberg von Trastevere. Pünktlich um halb elf erschallte eine „Sinfonie auf der Piazza", erzählt Giuliana, „keine Musiker, nein, alle Frauen und Mädchen klapperten und hantierten in der Küche, hackten Speck und Gewürze am Brett".

Giuliana kam viel herum, denn sie lieferte ins Haus. Oft ließen die Frauen vom Fenster aus den Korb an einer Schnur hinunter, und Giuliana packte Parmigiano, Pecorino und Mortadella hinein. „Es war voll und laut – drinnen wie draußen", sagt Giuliana, „früher lebten oft fünf Leute in einem Zimmer, nicht wie heute ein oder zwei Personen in fünf Räumen".

Damals ahnte Giuliana nicht, wie viele Käsesorten es allein im Bel Paese gibt, erst Sohn Fabio hat sie auf den Geschmack gebracht. Der Filius studierte die Kunst des Käsemachens, und als vor gut 15 Jahren die Supermärkte die kleinen Händler zu erdrücken drohten, setzte der Sohn auf Bio-Produkte und beste Qualität, von allem nur die erste Sahne. „Das ist die Zukunft", erkannte Mamma Giuliana.

Seit 40 Jahren arbeitet sie Schulter an Schulter mit ihrem Mann Giancarlo. „Es gab Hochs und Tiefs", sagt Giuliana „aber ich möchte ihn nicht missen." Was die Heirat betraf, hat ihr Vater einst die Sache beschleunigt. „Wenn du bei mir arbeitest, zahl ich dir zwei Lire mehr, als du als Schmied verdienst," sagte der Patriarch zum Schwiegersohn in spe. Ein Angebot, das Giancarlo nicht ausschlagen konnte. Der Alte war froh, dass Giuliana unter die Haube kam. „Ich war stolze 26", sagt sie strahlend, „Papa dachte, er kriegt mich nie mehr los."

Ein Diplom mit Locke als Belohnung für den ersten Schnitt: Frisör Umbro tut alles, um junge Kunden bei Laune zu halten

## Der Barbier der Bambini
# Umbro Matteucci

Via Metastasio 17
Tel. 066 86 54 09
Mo-Sa 9-13
15-19 Uhr (K3)

Marco wackelt aufs rote Auto zu, während Frisör Umbro wie ein erfahrener Kindergärtner als erstes das Spielzeug vom Regal holt. Der 15 Monate alte Marco zeigt auf den Hund, und der Barbier der Bambini sagt erleichtert: „Du magst wohl gern Hunde?" Marco nickt, nickt, nickt, denn Sprechen kann er ja noch nicht, doch das Eis ist gebrochen. Langsam muss sich Umbro weiter herantasten, damit er mit Shampoo und Schere den Kopf des Kleinen behandeln darf. Es klappt – na ja, drei Minuten kurz. Der erste Haarschnitt ist ein wenig improvisiert, dennoch bekommt Marco dafür ein echtes Diplom in die Hand. Umbro schreibt mit Filzstift Marcos Namen drauf und klebt eine Haarlocke des Knirpses in die untere Ecke. Marcos Mamma wird die Urkunde natürlich aufheben bis der Kleine graue Haare bekommt.

Der erste Schnitt wird selten perfekt. Ein Debakel für den Barbier? Keineswegs. Bei der Oper „Der Barbier von Sevilla" habe die Erstaufführung im nahen Theater am Largo Argentina 1816 ja auch nicht geklappt, erzählt Umbro gern. Erst am zweiten Abend feierte das Publikum Gioacchino Rossinis Oper als Bombenerfolg. Allerdings versteckte sich Meister Rossini verschämt nach der ersten Niederlage. Umbros relativer Misserfolg bei Haarschnitt Nr. eins ist dagegen selbstverständlich Kalkül.

„Ich darf die Kleinen beim ersten Mal nicht zu sehr strapazieren, nur dann kommen sie gerne wieder her. Sie müssen sich wohlfühlen, sonst lassen sie keinen an sich ran," weiß der 62-Jährige, dessen Salon mit Elefanten-, Giraffen- und Bärensitzen mehr einem Kinderkarussell als einem Frisiersalon gleicht.

Umbro arbeitet leise. Die Schere darf nicht klappern, denn „Lärm tut Kinderohren weh", weiß er. Viele Kinder haben panische Angst vor Shampoo , weil es in den Augen brennt, deshalb nennt er es *acqua profumata*, duftendes Wasser. „Man muss sie wie Erwachsene behandeln und respektieren", sagt Umbro und umschmeichelt seine junge Klientel. *„Come sei bello! Come sei bravo!"* Was bist du für ein süßer Junge! „Da schauen die Bambini ganz verzückt, denn meist hören sie nur, *come sei cattivo!*, was bist du nur für ein böser Wicht!"

Mammas aus ganz Rom, Ostia, Frascati kommen mit ihrem Nachwuchs zu Umbro, manchmal auch flotte Omas mit ihren Enkeln. Früher kam Maestro Umbro vor lauter Kunden mit dem Schneiden nicht nach. Die Kinder zankten sich um den Bernhardiner-, Giraffen- oder Elefantenthron – die Tiere wurden in der ersten Hälfte des 20. Jahrhunderts in Nürnberg geschnitzt. Doch inzwischen hat Italien die niedrigste Geburtenrate Europas und die Bambini sind gerade in den teuren Innenstädten selten geworden. Schulen, Spielzeugläden und Babyausstatter spüren die Flaute.

Doch vom Aufgeben will Umbro nichts wissen, schließlich hat er etliche Stammkunden, die hier vor Jahren ihre erste Locke ließen und heute schon an den Schläfen ergraut sind. „Meine Arbeit ist wunderbar komisch", sagt der Frisör, denn Kinder seien unberechenbar. „Manche wollen sich die Haare wieder ankleben, andere sammeln die Fitzel am Boden ein." Die Stadt hat ihm jüngst ein Diplom als *maestro acconciatore di bambini* verliehen, damit ist Umbro jetzt auch offiziell Roms „Meisterfrisör für Kinder".

Glänzende Arbeit: Restaurator Michelangeli arbeitet nur mit echtem Gold. Der Heilige schaut ihm dabei über die Schulter

### Der Goldjunge

## Alessandro Michelangeli

Via degli Spagnoli 47
oberste Klingel
Tel. 06 68 80 18 16
tgl. 10-13, 15 bis 19.30 Uhr, Sa nachmittags geschl. (K 3)

Das Sakrileg erschütterte den jungen Künstler zutiefst. „Als ich die Sache mit dem falschen Gold in der Grabkammer der Päpste entdeckte, war ich drauf und dran, mich von der Peterskuppel zu stürzen", erinnert sich Alessandro Michelangeli und reckt den Pinsel dramatisch gen Himmel. Falschgold sei schlimmer als Falschgeld in dieser Stadt der Künste. Gerade noch rechtzeitig besinnt er sich auf das hauchdünne Blättchen eben jenes Edelmetalls in seiner Linken. „Moment mal, ich muss schnell das Blattgold auf dem Bilderrahmen auftragen – echtes Gold natürlich", sagt er und verzieht das Gesicht. „Talmi im Petersdom und in den Kirchen des Zentrums, weiß das Denkmalschutzamt eigentlich, was es da verbricht?"

Der 35-Jährige arbeitet als *doratore*, Vergolder. Mit feinsten 23,75-Karat-Blättchen verziert Alessandro Schmiedeeisen und Altäre, Deckengemälde, Holz- oder Gipsrahmen und antike Spiegel. Aber der *doratore* entwirft auch selbst moderne Skulpturen und umhüllt sie mit seinem Lieblingsmaterial. Sein Ideal? Mit einer Handbewegung zeigt der junge Maestro auf ein Poster in seinem Hinterhof-Atelier: die ebenmäßige Goldmaske des Pharao Tutanchamun.

Bereits als Kind war Alessandro fasziniert von den Fläschchen, Flakons und Schüsselchen mit Pulver, Essenzen und Farben, mit denen seine Mutter Mirella in ihrem Labor Gemälde, Keramikfiguren, Holzstatuen und Stoffe restaurierte. Doch die Anregungen, die ihn später zu seinem Beruf bringen sollten, holte er sich als Junge auf seinen Streifzügen durch die Stadt. Natürlich spielte er wie alle Achtjährigen zwischen den Säulen des Pantheons Fußball, doch wenn seine Kumpel vorm Fernseher saßen, streifte er umher. Eines Tages entdeckte er ein Geheimnis in der Kirche St. Ignazio. „Wie das Kaninchen aus dem Zaubererhut erschien die Kuppel vor meinen Augen und verschwand gleich wieder. Ich hüpfte staunend im Altarraum auf und ab", sagt er. Der Junge hatte die perspektivische Malerei entdeckt, die Scheinkuppel, die Meister Andrea Pozzo im 17. Jahrhundert entworfen hatte. Fortan war der Junge von Kunst besessen.

Nomen est omen, könnte man denken. „Wenn ich mich irgendwo vorstelle, sagen alle, ‚Bitte nicht Ihren Künstlernamen, den richtigen'", sagt Michelangeli. Dabei zogen ihn nie die Werke von Namensvetter Michelangelo in den Bann, sondern die alltägliche Schönheit Roms, die Madonnen in den Mauernischen, die Brunnen in den Hinterhöfen, die Laternen in den Gassen, die Beschläge an den Palazzi: „Alles, was ich nicht suchte, sondern zufällig entdeckte."

Mit der Pinzette holt er eine feine Goldfolie aus der Schachtel und zeigt auf Tutanchamuns Maske. „Die Ägypter haben die Technik erfunden, die Römer haben sie nur kopiert." Einfach sei sein Handwerk nicht, und noch dazu regierten häufig Nepotismus und Korruption in seiner Branche. „Da gibt es Firmen, die Riesenaufträge ergattern, aber keine Ahnung vom Restaurieren haben und meine Arbeit zu Dumping-Preisen wollen." Selbst bei einem *doratore* ist nicht alles Gold, was glänzt. ☐

**Eva Kallinger,** Focus-*Korrespondentin, lebt seit 1972 in Rom.*
**Samuel Zuder** *lebt in Hamburg und fotografierte auch das Strandleben in Ostia.*

# Unternehmen Vatikan

Die Kirche macht Staat: Für mehr als eine Milliarde Katholiken ist die absolute Wahlmonarchie das Zentrum des Glaubens. Einblicke in den einflussreichsten Kleinstaat der Welt

## Der Chef

Von seiner Wohnung im Apostolischen Palast segnet der schwer kranke Johannes Paul II. sonntags die Gläubigen auf dem Petersplatz. Im Jahr 1978 wurde der Pole Karol Wojtyla als erster Nichtitaliener nach mehr als 450 Jahren auf den Stuhl des Apostels Petrus gewählt. Der Papst ist Herrscher und Richter seiner Kirche, Thron und Krone sind Zeichen weltlicher Macht, „Heiliger Vater" lautet seine Anrede. Nur ein Vorgänger in der fast 2000-jährigen Geschichte des Vatikans war länger im Amt: Pius IX. Und keiner absolvierte mehr Reisen. Schwer verletzt überlebte er 1981 ein Attentat in Rom

Foto: James L. Stanfield

## Das Management

Adventliches Beisammensein in geordneter Runde: Kardinäle haben sich mit dem Papst in der Sala Clementina zur Weihnachtsfeier eingefunden. Regiert wird das weltumspannende Imperium von der Römischen Kurie. So heißt die Gesamtheit der in Rom tätigen obersten Gerichte, Sekretariate und Kongregationen. Alle Drähte laufen im Staatssekretariat zusammen, dem „Kanzleramt" des Papstes. Dort arbeiten wenige hundert Beamte, allesamt Geistliche und Meister der Diskretion, die sich für ihre geistlichen Gespräche moderner Technik bedienen

Foto: Gianni Giansanti

## Gotteshaus in Größe XXL

Der fast 500 Jahre alte Petersdom ist ein einziger Superlativ: Die gigantische Kirche über dem Grab Petri bedeckt zweimal die Fläche des Kölner Doms, misst 211 Meter Länge und 137 Meter Höhe, hat 44 Altäre und kann 60 000 Gläubige aufnehmen – mehr als ein mittleres Fußballstadion. Papst Julius II. legte 1506 an Stelle der antiken Basilika den Grundstein. Die Stararchitekten von einst, Bramante, Raffael, Michelangelo, verewigten sich hier – und unter der Kuppel ließ Bernini seinen Bronze-Baldachin aufragen

Foto: Toyohiro Yamada

Foto: Massimo Siragusa

## Die Medien

Im Katalogsaal der Biblioteca Apostolica Vaticana erfüllt Andacht den Bücherfreund. Das erste Gesamtverzeichnis hat Bartolomeo Sacchi schon 1481 angelegt und dabei auch dem Codex Vaticanus, der ältesten Handschrift des Neuen Testaments, eine Karteikarte gegeben. Vergängliche Ware verlässt bei der Vatikan-Zeitung *L'Osservatore Romano* täglich die Rotation. Die Post des Vatikans hat das Privileg, im Unterschied zur *posta italiana* pünktlich zu sein. Und mit einem „Gelobt sei Jesus Christus" geht *Radio Vatikan* in über drei Dutzend Sprachen auf Sendung

## Die Mitarbeiter

Wie viele Leute arbeiten im Vatikan? – „Hoffentlich die Hälfte", soll Papst Johannes XXIII. auf die Frage von US-Präsident Dwight Eisenhower geantwortet haben. Im kleinsten Staat der Welt wohnen etwa 900 Menschen, von denen rund 600 die vatikanische Staatsbürgerschaft besitzen. Nur gut 25 von ihnen sind Frauen. Steuern zahlt niemand. Nonnen kochen für die Schweizergarde, die 110 Mann starke Schutztruppe des Papstes, deren Uniformen Gemälden Raffaels nachempfunden sind. Ordensfrauen restaurieren in den Werkstätten kostbare Gobelins, und weltliche Gärtner pflegen den Biogarten

Foto: Massimo Siragusa

Mehrmals am Tag zieht sich Papst Johannes Paul II. zum Gebet in seine Privatkapelle zurück

# Alle meine Päpste

## Ganz nah am Heiligen Stuhl: Vatikan-Korrespondent Erich B. Kusch hat fünf Stellvertreter Christi erlebt

Von meiner Wohnung habe ich den Petersdom immer vor Augen. Wenn sich abends die Scheinwerfer auf ihn richten, erstrahlt die Kuppel Michelangelos wie das Leuchtfeuer der katholischen Welt. Ich kann auch die Konturen der Sixtinischen Kapelle erkennen mit dem kleinen Kamin überm First. Irgendwann wird von dort wieder Rauch aufsteigen, wenn die Kardinäle einen neuen Papst wählen. Nach jedem Wahlgang ohne Zweidrittel-Mehrheit müssen die Stimmzettel mit feuchtem Stroh verbrannt werden, sodass schwarzer Qualm in den römischen Himmel entweicht. Weißer Rauch bedeutet: Der neue Papst ist auserkoren. Amerikanische Fernsehsender haben schon jetzt teure Wohnungen mit Blick auf den Petersplatz gemietet, um am Tag X ihre Kameras auf den neuen Pontifex Maximus richten zu können.

Seit ich 1956 als Korrespondent nach Rom kam, habe ich das Wirken von fünf Nachfolgern des Apostels Petrus aus nächster Nähe verfolgt und sie auch alle persönlich kennen gelernt. Damals war Rom noch wie eine liebenswerte Provinzstadt. Die Bauern aus der Umgebung kamen mit Pferdewagen und verkauften auf der Straße Schafskäse, Wein und Olivenöl.

Bescheiden war auch das Protokoll im Vatikan. Deutschlands erster Bundespräsident Theodor Heuss kam 1957 zum Staatsbesuch und wurde von **Pius XII.** empfangen. Die Begegnung ging ohne Prunk und Getöse vonstatten, und wir Korrespondenten waren außer beim Vier-Augen-Gespräch wie selbstverständlich dabei. Am Ende der Audienz ließ ich als junger Mann beim Hinausgehen allen den Vortritt. Plötzlich war ich mit Pius allein. Mir stockte fast das Herz, doch der Papst unterhielt sich freundlich mit mir – auf Deutsch. Ich spürte nichts von der Strenge und Unnahbarkeit, die dem Pontifex nachgesagt wird, er gab sich überraschend herzlich. Seine Rolle im Zweiten Weltkrieg war damals noch kein Thema. Erst nach seinem Tod und dem Erscheinen von Rolf Hochhuths Theaterstück „Der Stellvertreter" galt Pius XII. als der Papst, der zu den Gräueltaten des Dritten Reichs beharrlich geschwiegen hat. Seine Seligsprechung wird bis heute immer wieder hinausgeschoben.

Dem asketischen Aristokraten Pius XII. folgte 1958 ein kleiner, fülliger Mann, der seine bäuerliche Herkunft nie verleugnete und sich durch Spontaneität und Menschlichkeit auszeichnete: **Johannes XXIII.** Kurz nach seiner Wahl empfing er uns Korrespondenten, setzte sich zwanglos zu uns und begrüßte uns mit den Worten: „Ich freue mich, dass Sie zu mir gekommen sind." Einer der Höflinge flüsterte ihm zu: „Heiliger Vater, Pluralis Majestatis". Darauf der Papst: „Ach papperlapapp, ab sofort ändern wir das", sprach weiter in der Ich-Form und nicht im pompösen „wir". Allerdings fühlte er sich in seinen neuen Kleidern offensichtlich nicht wohl, sie waren ihm viel zu eng. Die Hofschneider hatten zu Beginn des Konklaves weiße Papstgewänder in fünf verschiedenen Größen genäht, aber mit den XXL-Maßen des Angelo Roncalli hatte der Kardinalkämmerer nicht gerechnet, und so zerrte der Papst ständig an seiner Kluft. „Alle wollten mich, nur die Schneider nicht", soll er gesagt haben.

Johannes XXIII. war für mich nicht nur ein großer Papst, weil er alltägliche Dinge entstaubte, sondern auch, weil er 1962 mit der Ankündigung des Zweiten Vatikanischen Konzils das Selbstverständnis der Katholischen Kirche entscheidend veränderte. Obwohl er selbst schon 1963 einem Krebsleiden erlag und das Konzil nicht beenden konnte, hat er großen Anteil an dessen Wirkung: Der Vatikan relativierte seinen bis dahin geltenden Anspruch, die alleinige, wahre Kirche zu vertreten, und plädierte erstmals für den verstärkten Dialog mit Andersgläubigen.

Johannes' Nachfolger Papst **Paul VI.** nannte man schon bald den „Hamlet auf dem Heiligen Stuhl". Er war eher ein Grübler als ein Macher. Das hat ihn jedoch nicht gehindert, etwa zum Thema Empfängnisverhütung unpopuläre Entscheidungen zu treffen, was ihm den Namen „Pillenpaule" eintrug. Jenseits des Zeremoniells war Paul VI. unkompliziert und freundlich. Als ich ihm bei einer Privataudienz meinen damals fünfjährigen Sohn, der an seinem Krönungstag auf die Welt gekommen war, vorstellte und sagte, dass er auch Paul hieße, nahm er den Kleinen auf den Schoß und meinte spontan: „Dann bist du mein Freund." Seitdem war mein Sohn bei den Kollegen der „Freund des Papstes".

1978 wird auch das „Drei-Päpste-Jahr" genannt. Nach dem Tod Pauls VI. wurde am 26. August Albino Luciani als **Johannes Paul I.** gewählt. Sein Pontifikat dauerte nur 33 Tage. Wilde Gerüchte machten damals die Runde, es gab die Theorie, der Papst sei vergiftet worden, da er illegale Machenschaften der Vatikanbank aufdecken wollte. Andere spekulierten, der Vatikan wolle verschleiern, dass er durch den Pfusch von Ärzten starb. Nichts davon konnte bislang bewiesen werden. Sicher ist, dass Luciani schon vor seiner Wahl zum Pontifex jahrelang herzkrank war. Ich bin sicher, dass er eines natürlichen Todes gestorben ist, obwohl die menschliche Kälte, die in seiner Umgebung herrschte, sicher zu seinem frühen Ende beigetragen hat.

Schon in den ersten Tagen seines Pontifikats empfing Johannes Paul I., dem die Römer den Beinamen „der lächelnde Papst" gegeben hatten, einige Journalisten. Während der Audienz war zu spüren, dass er sich in Rom nicht oder noch nicht wohlfühlte – und möglicherweise fühlte sich die Kurie mit ihrem neuen Oberhaupt, das mit den Intrigen des mächtigen Kleinstaats nicht vertraut war, ebenfalls nicht wohl. Auf mich wirkte er damals bereits resigniert. Keinen Monat später ist er allein, ohne jeden Beistand gestorben.

**Johannes Paul II.** war nach 455 Jahren der erste Nichtitaliener auf dem Stuhl Petri. Als am 16. Oktober 1978 das „Habemus Papam" auf dem Petersplatz ausgerufen wurde, vergingen lange Sekunden, bis die Römer mit gedämpftem Beifall reagierten. Sie hatten bei dem Namen Karolus Wojtyla, den der Kardinalssprecher dahinnuschelte, angenommen, es handele sich um einen Kardinal aus Afrika, um einen schwarzen Papst.

Dem Polen gelang es rasch, die Sympathien der Römer zu erobern, er hat entscheidend zum Zusammenbruch des Kommunismus beigetragen und damit das Gesicht der Welt verändert. Kaum ein Staatsmann oder Religionsführer beschäftigt die Weltöffentlichkeit – und nicht nur die Katholiken – so wie er. Kompromisslos ist sein ständiger Einsatz für den Frieden, immer wieder hat er sich energisch gegen den Irak-Krieg ausgesprochen und US-Präsident George W. Bush wie auch dem italienischen Ministerpräsidenten Silvio Berlusconi die Leviten gelesen.

Ist er Reformer oder Reaktionär? Unbeirrbar hält er am Zölibat und am Verbot der Empfängnisverhütung fest, was viele Gläubige enttäuscht. Sein Frauenbild ist gespalten: hier Eva als Verführerin, dort Maria als die allgütige Mutterfigur.

*„See the world with the Pope"* heißt es für uns römische Korrespondenten. Bei seinen Reisen – über 100 sind es in mehr als 25 Jahren seines Pontifikats – fährt immer ein internationaler Tross von Journalisten mit dem „eiligen Vater". Bei einer Brasilien-Reise fragte ich Johannes Paul, ob er sich vorstellen könne, nur von seinem Sekretär begleitet in ein Entwicklungsland zu reisen und dort in einer Diözese für einige Wochen wirkliche Armut zu erleben. Erstaunt schaute er mich an und sagte auf Deutsch: „Aber ich bin doch der Papst!" Vielleicht hätte er in einer Hütte am Amazonas mehr Verständnis für den Brasilianer Leonardo Boff gewonnen, der wegen seiner Befreiungstheologie vom Vatikan unerbittlich mit Lehrverbot bestraft wurde.

Karol Wojtyla versteht sein Amt als das Kreuz, das er in der Nachfolge Christi tragen muss. Besonders wichtig ist ihm die Jugend, und die vermag er auch als alter, gebrechlicher Mann noch zu begeistern. Unvergesslich sind für mich die Szenen im Heiligen Jahr 2000 in Rom, als er mit über einer Million Jungen und Mädchen gemeinsam sang. Aber die Jugend folgt nicht mehr blind seinen Geboten. Als am Morgen nach dem Jugendtreffen fast 2000 Tonnen Abfall abtransportiert wurden, fanden die Müllmänner zwar keine Drogenspritzen, aber massenweise Präservative. □

**Erich B. Kusch** *zog 1956 als Korrespondent nach Rom und berichtete dort für den* Südwestfunk *und das* Handelsblatt. *1992 bis 1996 war er Leiter des* ARD-Hörfunk-Studios *in Rom.*

Vertrauter Händedruck: Johannes Paul II. mit Erich B. Kusch

Galilei-Prozess 1633: Wiedergutmachung nach über drei Jahrhunderten

# Und sie bewegt sich doch

## Als erster Papst hat Johannes Paul II. die Schuld der Inquisition anerkannt und ihre Archive geöffnet

Unter der Mönchsstatue auf dem Campo de' Fiori sitzen die *ragazzi* fröhlich beim Aperitif. Doch Giordano Bruno auf seinem Piedestal blickt finster unter seiner Kapuze gen Petersdom. Die Statue des Dominikanermönches, der 1600 auf dem Scheiterhaufen hingerichtet wurde, erinnert an ein blutiges Kapitel der Inquisitionsgeschichte. Giordano Bruno war als astronomischer und philosophischer Erneuerer in Rom gefürchtet. An Universitäten in Deutschland, England und der Schweiz geriet er mit calvinistischen und lutherischen Autoritäten in Konflikt und kehrte 1591 aus Heimweh nach Italien zurück, obwohl ihm dort die römische Inquisition drohte. Schließlich hing der Häretiker offen der kopernikanischen Lehre an, nach der nicht die Sonne um die Erde, sondern die Erde um die Sonne kreist. Nach acht Jahren Kerker wurde Bruno auf dem Campo de' Fiori verbrannt.

Das Sanctum Officium, das Heilige Amt der römischen Inquisition, wurde 1542 zur Abwehr von Luthers Glaubenslehre gegründet. Christen und Agnostiker verbinden es noch heute mit Bildern blutiger Verfolgung, hat die Papstbehörde doch über Jahrhunderte vermeintlichen Hexen und Häretikern den Prozess gemacht, durch Folter Geständnisse abgepresst und tausende von Verdächtigen hingerichtet. Dass die Prozessakten nicht zugänglich waren, hat Spekulationen erst recht angeheizt.

Erst knapp 400 Jahre nach Brunos Tod hat Johannes Paul II. die Archive der Inquisition, zwar nicht für Laien, doch immerhin für Wissenschaftler geöffnet. Theologen wie der Münsteraner Kirchengeschichtler Hubert Wolf zeichnen seither ein differenzierteres Bild der berüchtigten Institution. Überraschend, so Wolf, sei vor allem deren Rolle bei den Hexenverbrennungen. Im Einflussgebiet des Sanctum Officium in Mittel- und Norditalien seien höchstens fünf Frauen als Hexen verbrannt worden.

Dagegen fielen nördlich der Alpen massenhaft Frauen Hexenprozessen zum Opfer, bei denen nach dem Motto „Wo eine ist, sind mehrere" Verdächtige reihenweise auf den Scheiterhaufen gebracht wurden. Die römische Inquisition, so Wolf, habe ausdrücklich die deutsche Hatz angeprangert, doch für die nördlichen Kirchenfürsten sei der Papst keine ultimative Instanz gewesen, sondern „irgend so ein subalterner Adliger, der einen italienischen Mittelstaat regiert".

Der Kirchenhistoriker unterscheidet drei Formen der Inquisition. In Südfrankreich verfolgte das Glaubensgericht Katharer als Ketzer. Im 14. Jahrhundert bediente sich der französische König Philipp IV. ihrer, um die Mitglieder des reichen Templerordens mit Zustimmung des Papstes Klemens V. auf den Scheiterhaufen zu bringen. Die grausamste Form der Inquisition ereignete sich in Spanien, wo die Katholischen Könige nach Abschluss der Reconquista, der christlichen Rückeroberung des Landes, mit unvorstellbarer Härte durchgriffen. Juden und Moslems wurden im 16. Jahrhundert vertrieben, zwangsgetauft oder verbrannt.

Den dritten Typ bildet die römische Inquisition, die weniger die Ketzer selber verfolgte, als vielmehr versuchte, die katholische Lehre reinzuhalten. Dazu gründete sie 1571 eine Kommission, die Bücher verbot. Dieser Index war bis ins 20. Jahrhundert gültig. Erst Papst Paul VI. hat 1966 das Sanctum Officium zu einer Glaubenskongregation umgewandelt, an deren Spitze seit 1981 der mächtige Kardinal Joseph Ratzinger steht. Im Jahr 2000 sprach Johannes Paul II. erstmals von einer Schuld, die seine Kirche auf sich geladen habe. Zuvor hatte er den berühmtesten Häretiker, Galileo Galilei, für unschuldig erklärt und das Urteil von 1633, das den Astronomen zum Widerruf zwang, revidiert. „Und sie bewegt sich doch", soll Galilei gesagt haben – nämlich die Erde um die Sonne und nicht umgekehrt. Vielleicht hatte der Papst den berühmten Satz nicht nur geophysikalisch, sondern auch kirchengeschichtlich verstanden. □

**Bettina Gabbe** *arbeitet als freie Journalistin für* Radio Vatikan *in Rom.*

Text: Emanuel Eckardt

# Der lange Marsch durch die Kunst

Sieben Kilometer durch die größte Sammlung der Welt: Die Vatikanischen Museen verbinden Ästhetik mit Ausdauertraining

Besucher am Ende: Die gewendelte Rampe mit Bronzegirlanden am Geländer dient heute als Ausgang

Schüler stehen staunend in den Sälen der Antiken-Abteilung Museo Pio Clementino, deren Schätze erstmals im 18. Jahrhundert von Clemens XIV. und Pius VI. öffentlich gezeigt wurden. Den Grundstein für die Sammlung legte Papst Julius II. (1503-13), ein Liebhaber antiker Statuen

# Im Foyer zur wahren Pracht

Foto: James L. Stanfield

Eine hohe Tonne mit achteckigen Stuckfeldern überwölbt die Sala Regia, den Vorraum zur Sixtinischen Kapelle. Paul III. ließ um 1540 den Mittelalterbau modernisieren. Seine Nachfolger gaben die Malereien in Auftrag, die großformatig das Papsttum verherrlichen

Vom Schmutz der Jahrhunderte befreit erstrahlen Selige und Verdammte wieder beim „Jüngsten Gericht“ (Ausschnitt). Michelangelo hat das Monumentalfresko 1541 in der Sixtinischen Kapelle vollendet. Auf den Balg des Märtyrers Bartholomäus hat der Meister sein eigenes schmerzverzerrtes Porträt gemalt. Die jahrelange Arbeit hatte den Künstler erschöpft

# Endzeitstimmung in der Kapelle

Wo kommen die alle her? Was wollen die hier? Ich bin extra früh aufgestanden, um zur Stelle zu sein, bevor die Vatikanischen Museen öffnen. Einige tausend Menschen hatten die gleiche Idee, ein Querschnitt durch die Weltbevölkerung, der sich zur Warteschlange staut, die mit jeder Minute länger wird und irgendwo ganz hinten an der Via di Porta Angelica endet. Dort stehe ich, pünktlich um Viertel vor neun. Um halb zehn schiebe ich mich in die Via del Belvedere, gegen zehn habe ich schon den Viale del Bastioni di Michelangelo erreicht, die Kurve des heimlichen Vergnügens, weil man hier den erschrockenen Blick der Entgegenkommenden sieht, die zum ersten Mal übersehen, dass die Schlange mindestens zwei Blocks weiter reicht. Die Sonne knallt. Ein Akkordeonspieler nervt mit „Ay-ay-ay-ay, vaya con Dios", die Polizei greift ihn und sein Kleingeld heraus. Bettlerinnen mit und ohne Baby recken die Hände. Um halb elf biege ich in die Zielgerade, eine letzte Kurve, der Eingang. Zugangskontrolle, elektronischer Check für Tüten und Taschen. Ich bin drin.

Die Rolltreppe im eindrucksvollen Eingangsgebäude baggert Hundertschaften himmelwärts, Wachmann-

Kurz vor seinem Tod 1520 hat Raffael diese „Verklärung Christi" im achten Saal der Pinakothek vollendet

# Atemberaubend – Kunst und Gedränge

schaften lenken den Besucherstrom im Einwegverfahren durch das größte Museum der Welt, vorbei an über 50000 Objekten, präsentiert und verwahrt in 1400 Räumen. Die Sammlungen sind so reich, dass sie in ungefähr einem Dutzend Museen, Bibliotheken und Galerien verteilt sind. Wer alles mitnimmt, durchläuft eine Gesamtstrecke von sieben Kilometern.

Erste Einkaufsmöglichkeiten hat der Besucher im Cortile della Pigna, dem Pinienzapfenhof. „*Nice guy*", sagt eine Amerikanerin im Gift Shop und greift nach der Porträtbüste von Julius Cäsar. Der Besucherstrom strudelt in den Cortile Ottagono zum Apoll von Belvedere, der seine Nacktheit hinter den Köpfen und Kameras einer japanischen Reisegruppe verbirgt, und zur Laokoongruppe, die ihren Ursprung endlich, nach 20-jährigem Ringen der Wissenschaft und des deutschen Forschers Bernard Andreae, im zweiten Jahrhundert vor Christus gefunden hat. Die Vorlage, eine Bronze, ist nämlich älter als bisher angenommen und existierte schon, bevor Bildhauer aus Rhodos diese Kopie in Marmor schlugen.

Ich ströme weiter, getragen von einer Welle internationaler Begeisterung, die sich blitzend und filmend durch die Gänge schiebt, hier und dort zu Gruppen gestrafft und von der Litanei geschulter Informanten zum Innehalten gezwungen. Als Einzelner komme ich schneller voran, doch Zeitgewinn schafft keine Freiräume. Wohin ich auch komme, die anderen sind schon da. Ich eile durch den Saal der lichtscheuen Teppiche, staune über die Galleria delle Carte Geografiche, einen begehbaren Weltatlas mit großen Karten auf beiden Seiten und einem fantastisch bemalten, leider zu weit entfernten Deckengewölbe. Es ist alles sehr hoch hier.

In den Stanzen des Raffael wird die Luft dicker, diese Kunst ist atemberaubend, zumal viele Menschen sie zu gleicher Zeit bewundern wollen; in der Stanza di Eliodoro entspannt sich die Situation etwas, sie ist wegen Restaurierungsarbeiten teilweise verhüllt. In der Stanza della Segnatura habe ich einen Hintern am Bauch und einen Bauch am Hintern. Beide gehören nicht mir. Hoch über mir sehe ich die weltlichen Tugenden Tapferkeit, Weisheit und Mäßigung. Sie tragen mich in die Räume des schlimmen Borgia-Papstes Alexander, dessen noch schlimmerer Sohn Cesare hier den Liebsten seiner Schwester ermordet haben soll. Zur Strafe hat die Verwaltung die Räume

Die Marmorgruppe des Priesters Laokoon und seiner Söhne, von Giftschlangen tödlich gebissen, ist in römischer Kaiserzeit dem griechischen Bronzeoriginal nachgebildet worden. Den leicht geöffneten Mund des Mannes im Todeskampf zu deuten, war ein Lieblingsthema deutscher Antikenschwärmer in der Goethezeit

Es kann kalt werden im Vatikan. Diese Verkäuferin am Bücherpult in der Galleria delle Carte Geografiche hat vorgesorgt. Mit 40 Riesenlandkarten Italiens ließ Gregor XIII. nach 1580 die Wände schmücken

mit zeitgenössischer Kunst gefüllt. Augen zu und durch. Nur wenige Meter noch und ich bin am Ziel.

Die Sixtinische Kapelle ist gerammelt voll von Besuchern, im großen vatikanischen Kunstmarathon habe ich im heiß umkämpften Mittelfeld einen der hinteren Plätze ergattert und blicke nach oben. Die Führer dozieren *mezza voce* über die Hochrenaissance und Michelangelos Pimmel, die 1541 mit dem Jüngsten Gericht enthüllt und im Zuge der Gegenreformation mit keuschen Tüchlein übermalt wurden – 40 an der Zahl. Nach der Großen Säuberung ab 1980 durften einige wieder freigelegt werden, 17 seien es nun, und schon wird das Jüngste Gericht zum Suchbild; was für eine herrliche Kirche, in der jeder Mensch zählt.

## Staunen im stillen Winkel

Plötzlich, ein Schock! In schmerzhaft übersteuerten Lautsprechern dröhnt eine allmächtige Stimme und verlangt in barschem Ton nach Ruhe, wegen der Andacht dieses Raumes. Außerdem verbietet sie in allen wichtigen Weltsprachen das Filmen und Fotografieren. Der Schrecken in den Gesichtern ist groß, wer sich nicht ans Herz greift, hält sich die Ohren zu. Fotografiert wird natürlich weiter. In der schmalen Spanne zwischen Erleuchtung und Belichtung tendiert der Zeitgeist nun mal zum Schnappschuss.

Ich habe genug gesehen, will nur noch raus hier. Gott sei dank gibt es die Decke der Sixtinischen Kapelle in vatikanischen Gift-Shops als Puzzle (1000 Teile); da hat man Zeit, sich der Sache zu widmen. Trotzdem werde ich natürlich wiederkommen. Das nächste Mal im November oder Januar, am besten bei einem der seltenen Schneestürme in Rom. Ich werde schon morgens um acht hier sein, die paar Kilometer durch all die Säle rennen, ohne nach rechts und links zu sehen. Dann bin ich einer der ersten in der Sixtina, so wahr mir Gott helfe.

Der nächste Tag ist ein Sonntag. Ich stehe vor dem Petersdom, der großartigsten Kirche der Christenheit, mit Platz für 60 000 Menschen, mit 29 Seitenaltären und 23 Papstgräbern, mit über 100 großen Marmorstatuen, außerdem 160 aus Travertin, 90 aus Stuck und 40 aus Bronze – das Ganze der Überbau eines tief unter den Fundamenten liegenden bescheidenen Armengrabs aus sechs Ziegelsteinen, unter denen sich die sterblichen Überreste des Märtyrers Petrus befunden haben sollen.

Petrus hat sich an diesem heiligen Sonntag für Regen entschieden. Aus den Klüften seiner Kirche schießen Sturzbäche und Wasserfälle. Drinnen bannt die Heilige Messe den Strom der Besucher. Wir sind viele. Der eine oder andere macht einen Luftsprung, nicht aus Begeisterung, sondern um einen Blick auf die Kardinäle zu erhaschen, die vorn zu beiden Seiten des Altars aufgereiht sind. Am Ende der Messe ziehen sie in einer feierlichen Prozession hinaus, allen voran einige sehr, sehr alte Männer, die immer noch mitten im Berufsleben stehen. So ist das hier Brauch.

Andacht habe ich im Petersdom nicht gespürt. Aber draußen ist sie mit Händen zu greifen, im strömenden Regen unter dem bunten Dach vieler tausend tropfender Schirme. Der Heilige Vater tritt heute nicht ans geöffnete Fenster, aber seine Stimme ist zu hören. Er hat an diesem Sonntag eine wichtige Botschaft zu verkünden, spricht über die Gemeinsamkeit der drei großen Weltreligionen, die den einen Gott anbeten, wenn auch nicht unter gleichem Namen. Beim Amen geht ein Rauschen durch die Menge.

Römisch-ägyptischer Mischling: Anubis mit Hundekopf und Toga

Für den kommenden Tag habe ich mir vorgenommen, in den Vatikanstaat einzureisen, den merkwürdigsten Staat der Welt, die letzte absolutistische Monarchie Europas, den einzigen Gottesstaat mit eigenen Euromünzen, ein Land von 44 Hektar, mit 300 Staatsbürgern und einer 110 Mann starken Privatarmee, der Schweizergarde. Ich trete an das große schmiedeeiserne Tor links von der Peterskirche und raune den drohend vor mir

# Archiv der Päpste und ihrer Passionen

Vorliebe für Mumien: Gregor XVI. sammelte eifrig ägyptische Raritäten

in den Himmel wachsenden Schweizergardisten drei Worte eines lateinischen Geheimcodes ins Ohr. Sie treten bereitwillig zur Seite. (Der Code lautet *Campo Santo Teutonico*, aber das ist bitte vertraulich zu behandeln.) Der teutonische Friedhof liegt, von einer hohen Mauer umschlossen, zwischen Audienzhalle und Petersdom, wurde 797 gegründet, ist aber kein sehr stiller Ort.

„Wir haben es Karl dem Großen zu verdanken, dass das Ganze hier in unsere Hand gekommen ist", schnarrt eine Reisegruppenführerin. Verrückt: Dies ist Deutschland, eine deutsche Enklave im kleinsten Staat der Welt. Die um 1450 gegründete Erzbruderschaft zur Schmerzhaften Muttergottes erwarb das Recht, hier Pilger aus dem deutschen und niederländischen Kulturbereich bestatten zu dürfen. Wer als Deutscher auf einer Pilgerreise in Rom das Zeitliche segnet, hat heute noch das Begräbnisrecht auf diesem geweihten Boden, wo einst, in Neros Arena, das Blut der Märtyrer floss. Der Dichter Stefan Andres ist hier begraben, manche Dame von hohem Adel und auch der Archäologe Ludwig Curtius.

Hinter dem Friedhof grünen die Hügel der Vatikanischen Gärten. Kaum zu glauben, dass hier auch Frauen leben, allerdings gut versteckt zwischen dem botanischen und dem Gemüsegarten des Papstes. Hinter dem eisernen Tor des erst vor wenigen Jahren erbauten Klosters „Mater Ecclesiae" sind sie ganz für sich. Unbeschuhte Karmelitinnen beten und meditieren nach den strengen Regeln ihres Ordens. Die Glocken des Klosters schlagen die Mittagsstunde, ein freundlicher, heller Ton. Einmal, am 11. Februar 2004, klingelte die Türglocke Sturm. Es war der Heilige Vater, der Einlass begehrte. Die frommen Frauen hatten nicht mit Herrenbesuch gerechnet, nahmen aber glücklich den päpstlichen Segen entgegen.

Vögel zwitschern, Rosen blühen. Theoretisch ist dies ein Ort der Stille. Doch die motorisierten Kräfte des Papstes mähen, schneiden und stutzen. Bei Gott, so ein großer Garten braucht große Maschinen. Machtvoll erhebt sich die Kuppel des Petersdoms über die Pinien im Park. Von hier aus zeigt sie ihre eigentliche Schönheit. Michelangelos Vision und sein Entwurf, dessen Vollendung er nicht mehr erlebt hat.

Ob er die hohe, breite Fassade gemocht hätte, die sich später zum Petersplatz davor schob? Was hätte er wohl zur päpstlichen Radiostation gesagt, zum päpstlichen Bahnhof, zum päpstlichen Verwaltungsgebäude und zur päpstlichen Tankstelle? Ein Blick auf die Zapfsäule weckt die lässliche Sünde des Neides: Benzin bleifrei 79 Cent. Der Kirchenstaat ist der einzige Staat Europas, in dem niemand Steuern zahlt. Ein Paradies auf Erden. □

**Emanuel Eckardt** *lebt als freier Journalist und Buchautor in Hamburg.*

# Weltmacht im Kleinen

**Für knapp eine Milliarde Katholiken ist er das Zentrum des Glaubens: ein straff geführter Zwergenstaat, in dem kein Bürger Steuern zahlt und nur die Männer das Sagen haben**

Der kleinste Staat der Welt, mit 44 Hektar nicht größer als ein mittlerer Bauernhof, wurde 1929 durch die Lateranverträge zwischen Benito Mussolini und Papst Pius XI. gegründet und ist eine der letzten absoluten Monarchien. Seine rund 600 Untertanen sind gut versorgt, ebenso die 2000 italienischen Angestellten, die jeden Morgen die Schweizergarde in ihren gelb-rot-blauen Uniformen passieren. Von seinen Bürgern erhebt der Vatikan keine Steuern, der Liter Benzin ist ein Drittel billiger als in Rom und der Geldautomat der Vatikanbank IOR gibt seine Weisungen auf Latein. Auf dem Hoheitsgebiet des Vatikans liegen ein Hubschrauber-Landeplatz, ein Bahnhof und ein Supermarkt. Unter Sammlern begehrt sind die Euro-Münzen und Briefmarken der Città del Vaticano. Anders als die *posta italiana* ist die Vatikanpost zuverlässig, der staatseigene Sender *Radio Vatikan* sendet weltweit in über 45 Sprachen. Der Kirchenstaat verfügt über eine eigene Schutztruppe, die 110 Mann starke Schweizergarde, deren Soldaten den Pontifex auch als Bodyguards in Zivil begleiten und neuerdings gemeinsam mit der Polizei unter den Kolonnaden des Petersplatzes alle Besucher kontrollieren, um Terroranschläge zu vermeiden. Der Vatikan könnte ein ganz normaler Staat sein, wäre seine Bevölkerungsstruktur nicht äußerst einseitig: Nur 25 Staatsbürger sind weiblich, allesamt Ehefrauen und Töchter der Gardisten und Laienbediensteten. Im Vatikan herrschen die Männer.

Das Staatsoberhaupt trägt die Titel „Bischof von Rom, Stellvertreter Jesu Christi, Nachfolger des Apostelfürsten, Patriarch des Abendlandes, Primas von Italien, Erzbischof und Metropolit von Rom, Souverän des Staates der Vatikanstadt, Diener der Diener Gottes". Der Kirchenstaat unterhält diplomatische Beziehungen zu 173 Staaten, Nationalfeiertag ist der Tag der Amtseinführung des jeweiligen Papstes.

Die Römische Kurie bildet die Regierung der Gesamtkirche, zu der sich knapp eine Milliarde Gläubige bekennen, darunter 4250 Bischöfe, 260000 Priester, 200000 Mönche und 820000 Nonnen. Zentrum des vatikanischen Kosmos ist der **Petersdom,** für den Papst Julius II. 1506 den Grundstein legte. Im größten Gotteshaus des christlichen Abendlandes verehren die Gläubigen besonders die Bronzestatue des Apostels Petrus, was deren blank geküsster Fuß beweist. Kunstfreunde gehen eher vor Gianlorenzo Berninis Bronzebaldachin oder Michelangelos Pietà in die Knie. Sonntags strömen die Gläubigen auf den **Petersplatz,** wo der Papst um 12 Uhr das Angelus-Gebet spricht. Sogar über eine deutsche Enklave verfügt der Vatikan: Auf dem Friedhof **Camposanto Teutonico** neben der Nervi-Halle finden seit dem 15. Jh. Deutsche ihre letzte Ruhe. □

**Vatikanische Museen**
Nov.-Feb. Mo-Sa 8.45-13.45 Uhr, März-Okt. Mo-Sa 8.45-16.45 Uhr (Einlass bis max.12.20 bzw. 15.20 Uhr), So geschl. außer am letzten So des Monats (Eintritt frei), Eintritt 12 € Privatführungen ab 1800 € für 30 Personen
**Tel. 06 69 88 49 47**

**Vatikanische Gärten**
Nur mit Anmeldung im Ufficio Visite Guidate Einzelführungen: **Tel. 0669 88 46 76 Fax 69 88 51 00;** zweistündige Einzelführungen am Di, Do und Sa 10 Uhr, Eintritt 9 € Gruppenführungen: **Tel. 06 69 88 31 45, Fax 69 88 35 78, visiteguidate.musei@scv.va**
**Camposanto Teutonico** 7-12 Uhr

**Petersdom**
Tgl. 7-18, im Sommer bis 19 Uhr, deutsche Messe Mo-Fr 7, So 9 Uhr Vatikanische Grotten 7-17 Uhr, 9 €, Kuppel 8-17 Uhr, 5 € mit Aufzug, 4 € ohne Lift

Staat in Gottes Namen: Generalaudienz auf dem Petersplatz, Verkäufer mit Krippenfiguren

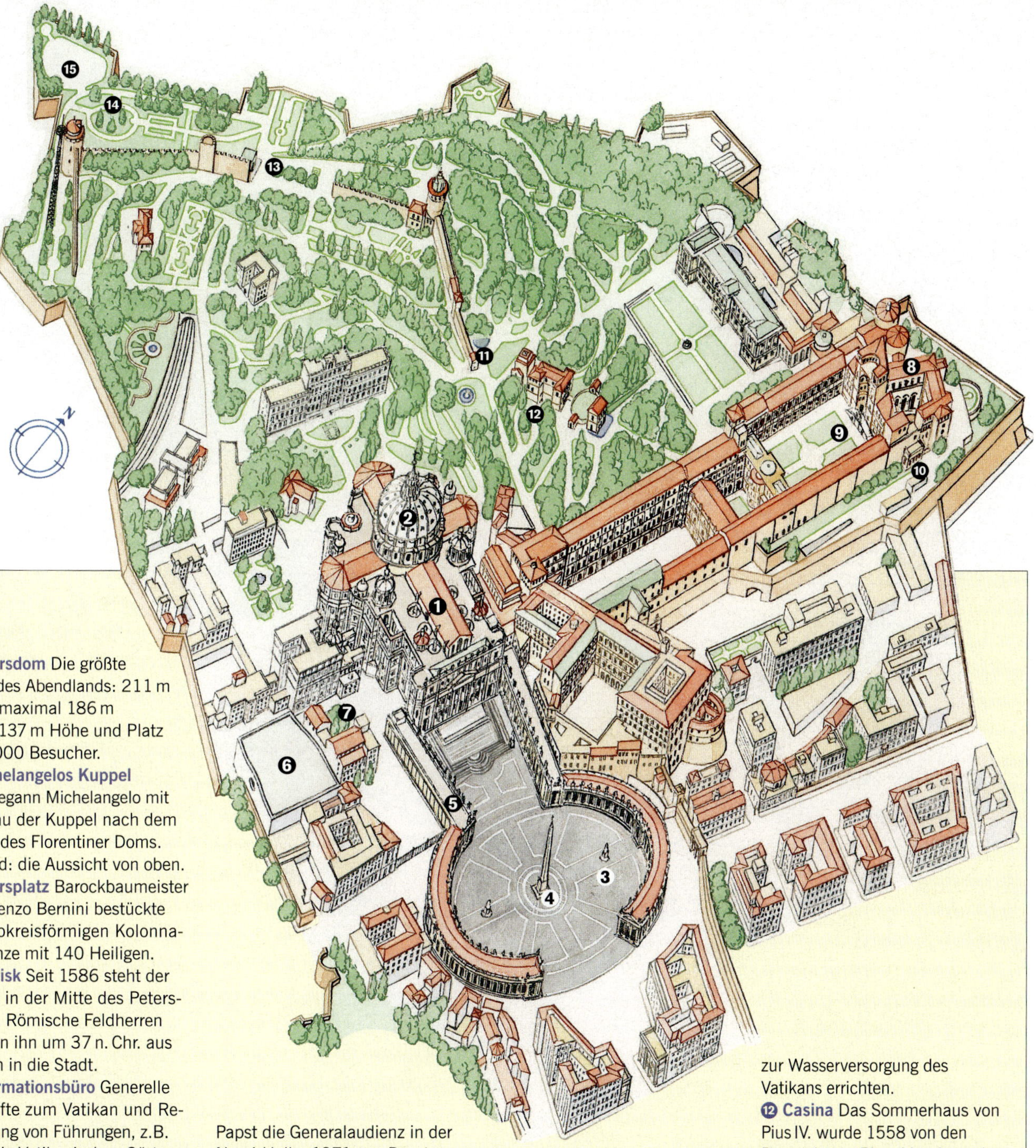

**❶ Petersdom** Die größte Kirche des Abendlands: 211 m Länge, maximal 186 m Breite, 137 m Höhe und Platz für 60 000 Besucher.
**❷ Michelangelos Kuppel** 1546 begann Michelangelo mit dem Bau der Kuppel nach dem Vorbild des Florentiner Doms. Lohnend: die Aussicht von oben.
**❸ Petersplatz** Barockbaumeister Gianlorenzo Bernini bestückte die halbkreisförmigen Kolonnadenkränze mit 140 Heiligen.
**❹ Obelisk** Seit 1586 steht der Obelisk in der Mitte des Petersplatzes. Römische Feldherren brachten ihn um 37 n. Chr. aus Ägypten in die Stadt.
**❺ Informationsbüro** Generelle Auskünfte zum Vatikan und Reservierung von Führungen, z.B. durch die Vatikanischen Gärten.
**❻ Päpstliche Audienzhalle** Jeden Mittwoch im Winter hält der Papst die Generalaudienz in der Nervi-Halle, 1971 von Papst Paul VI. eingeweiht. Sie bietet Raum für 10 000 Gläubige.
**❼ Camposanto Teutonico** Karl der Große ließ hier um 800 eine Priesterschule errichten. Seit dem 15. Jh. werden Pilger aus Deutschland auf dem Friedhof bestattet.
**❽ Vatikanische Museen** Der Vatikan besitzt die größte Kunstsammlung der Welt. Zu den Höhepunkten gehören die Laokoongruppe, Raffaels Stanzen und die farbenfroh restaurierte Sixtinische Kapelle mit Michelangelos Fresken.
**❾ Cortile della Pigna** Der Pinienhof mit dem Bronzezapfen aus dem 1. oder 2. Jh. bildet den Abschluss des Belvedere-Hofes.
**❿ Galeerenbrunnen** Ein flämischer Künstler fertigte den Brunnen in Form eines Schiffsmodells im 17. Jh. für Papst Paul V.
**⓫ Adlerbrunnen** Paul V. ließ auch den Adlerbrunnen im 17. Jh. zur Eröffnung der Acqua Paola, dem Aquädukt zur Wasserversorgung des Vatikans errichten.
**⓬ Casina** Das Sommerhaus von Pius IV. wurde 1558 von den Baumeistern Pirro Ligorio und Sallustio Peruzzi entworfen.
**⓭ Grotte von Lourdes** Eine Kopie der südwestfranzösischen Grotte, an der Maria der heiligen Bernadette 1858 erschienen sein soll.
**⓮ Madonna von Guadeloupe** 1531 soll sich die schwarze Madonna von Guadeloupe dem Mexikaner Juan Diego gezeigt haben.
**⓯ Hubschrauber-Landeplatz** Der reisefreudige Papst Johannes Paul II. startete von hier aus zu vielen seiner Staatsbesuche.

**Kleinstaat in der Großstadt, zehn Fußminuten vom Tiber entfernt**

STARARCHITEKTEN HABEN ES SCHWER IN ROM. ZWAR WERDEN IHRE ENTWÜRFE GELOBT UND BESCHLOSSEN, NUR DER BAU GEHT NICHT VORAN. IN DER EWIGEN STADT MUSS DIE MODERNE WARTEN

TEXT: THOMAS MIGGE

# DER ENDLOSE STAU

Weil die Bauarbeiter auf die Fundamente einer römischen Villa stießen, musste der genuesische Architekt RENZO PIANO die Pläne für sein dreiteiliges Auditorium der Superlative ändern

Richard Meier verzweifelt an Rom. Der amerikanische Stararchitekt hat überall auf der Welt gebaut. Seine Projekte zog er immer zügig durch, und bei seinen Auftraggebern gilt er als einer, der vorgegebene Bauzeiten einhält. In der Ewigen Stadt aber hat Meier mit ewigen Problemen zu kämpfen. Freunden soll er anvertraut haben, er wolle sich so schnell nicht mehr auf ein Projekt am Tiber einlassen.

Mit ganzen vier Jahren Verspätung wurde die Kirche Dives in Misericordia nach einem Entwurf von Meier eingeweiht. Das Gotteshaus, wegen der drei weißen Betonbögen im Volksmund *tre vele,* drei Segel, genannt, liegt im Stadtrandviertel Tor Tre Teste. Der Bau sollte Ende 1999 in Anwesenheit des Heiligen Vaters und pünktlich zum Beginn des Heiligen Jahres 2000 für die Pilgerscharen geöffnet werden. Doch die zögerlichen Genehmigungen, schlampige Ausführung und unvorhergesehene Umbauten zogen das Projekt in die Länge. Erst Ende 2003 wurde die Kirche geweiht – von einem Kardinal, denn der Papst hatte das Interesse an seinem Gotteshaus zum Jubeljahr inzwischen verloren.

Rom tut sich schwer mit zeitgenössischer Architektur. Vielleicht ist daran die ständige Präsenz von Monumenten aus 2500 Jahren Architekturgeschichte schuld. Vielleicht auch die Streitlust der Römer, die offenbar eine masochistische Tendenz dazu haben, sich mit renommierten Baumeistern anzulegen und deren Projekte zu blockieren. Anders lässt es sich nicht erklären, wieso alle, aber wirklich alle spektakulären Neubauten, die in den letzten Jahren geplant worden sind, nur extrem spät oder gar nicht fertig werden.

Wie zum Beispiel das Auditorium Parco della Musica. Roms Musikliebhaber mussten 100 Jahre auf eine städtische Musikhalle warten, die diesen Namen auch wirk-

# AM BAU

Foto: Sandro Vannini

Foto: Klaus Frahm

# ERLEUCHTUNG VON OBEN

Licht durchflutet den Innenraum von RICHARD MEIERS Kirche Dives am Stadtrand von Rom. Der Papst wollte das moderne Gotteshaus einweihen – wäre es nicht vier Jahre zu spät fertig geworden

*Tre vele*, drei Segel, haben die Einheimischen **RICHARD MEIERS** helle, leichte Betonkonstruktion Dives in Misericordia getauft. Der Architekt nimmt vorerst Abstand von neuen Bauprojekten in Rom

Fantastische Konstruktionen plant **ZAHA HADID,** doch auch ihr Bau des Museums für Zeitgenössische Kunst ruht bis auf weiteres

lich verdient. Die Stadtväter vergaben den Auftrag an den Genuesen Renzo Piano, auch er ein Stern am internationalen Architektenhimmel. Sein Entwurf wurde schon Anfang der neunziger Jahre angenommen. Bauarbeiter entdeckten aber bei Ausschachtungen Reste eines altrömischen Gutshofes. Kunsthistorisch unwichtige Quader, meinte Piano, aber das Kulturministerium zwang den Architekten, seine Pläne im letzten Moment zu ändern. Schließlich musste Piano seine drei Musikhallen, von den Römern despektierlich als „die drei Kakerlaken" bezeichnet, um die antiken Steine herumgruppieren.

Der römische Baumeister Massimiliano Fuksas, der im Ausland mit seinen futuristischen Gebäuden bekannter ist als in seiner Heimat, wartet seit Jahren auf den Baubeginn für die von ihm entworfene neue Kongresshalle im Stadtteil EUR. Auch hier wurde das Projekt von der Stadt angenommen, die Gelder bereitgestellt und doch wird kein Stein bewegt. „*No comment*", sagt Fuksas und will künftig nur noch ausländische Aufträge annehmen.

So ähnlich denkt wahrscheinlich Zaha Hadid. Die in London lebende Architektin, vielfach preisgekrönt, plante für Rom ein neues Museum für zeitgenössische Kunst. Ein faszinierender Entwurf, dessen Ausführung ebenfalls schon länger auf sich warten lässt. Von offizieller Seite heißt es, dass hinter den hohen Gerüsten auch tatsächlich gearbeitet werde, in Wirklichkeit herrscht Dornröschenschlaf hinter den Bauzäunen.

Still ist es auch auf der größten Baustelle im historischen Zentrum. Richard Meier, der damals noch nicht ahnte, welche Dramen er mit seiner Kirche durchleben sollte, bekam 1995 den Auftrag, eine neue Hülle für den marmornen Friedensaltar von Kaiser Augustus zu entwerfen, da die Glaskonstruktion aus der Zeit des Faschismus zu bröckeln begann. Die Bauzäune stehen, aber Kunsthistoriker und Bürger polemisieren fröhlich weiter über das als viel zu modern empfundene Projekt. Italiens bärbeißiger Kunstkritiker Vittorio Sgarbi meinte sogar, um Meier und die ganze moderne Architekten-Crew abzuschrecken, solle man eine Bombe hinter den Bauzaun werfen. Dabei zeigt Rom doch, wie das viel einfacher geht: Man sitzt die Moderne einfach aus. □

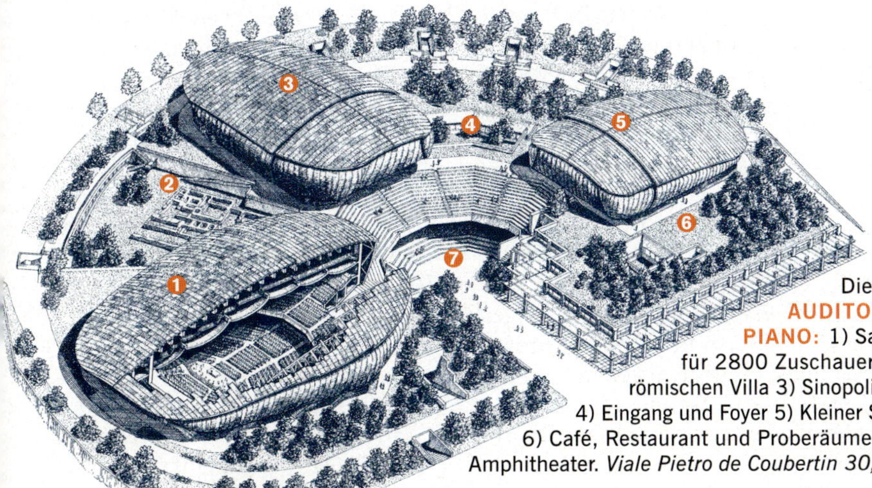


Die drei Konzerthallen des **AUDITORIUMS VON RENZO PIANO:** 1) Santa Cecilia, Großer Saal für 2800 Zuschauer 2) Ausgrabungen der römischen Villa 3) Sinopoli-Saal für 1200 Besucher 4) Eingang und Foyer 5) Kleiner Saal mit 700 Plätzen 6) Café, Restaurant und Proberäume 7) Piazza centrale und Amphitheater. *Viale Pietro de Coubertin 30, Tram 2*

# Der achte König am Tiber

**Fußballheld, Bestseller-Autor, Liebling der Römer – auch wenn er in der Hitze des Gefechts schon mal einen Gegner bespuckt: Francesco Totti**

**Text: Birgit Schönau**

Fast wäre er bei Lazio gelandet. Als Totti 13 Jahre alt war, riefen die Talentscouts des Klubs an. Einen kleinen Moment lang war Familie Totti in Versuchung, es winkten ja Ruhm und Geld für den fußballbegabten Jüngsten. Aber dann gewannen doch die Skrupel die Oberhand. Kann ein Clan eingefleischter Romanisti seinen Spross zu Lazio schicken? Zu den feindlichen Vettern? Kann er nicht.

Francesco ging zur Roma, seinem Herzensklub, dem Verein mit der Wölfin und der Fahne des Kapitols. Gelb wie die Sonne, rot wie das Herz. Mit 16 hatte er seinen Einstand in der 1. Liga, der Serie A. Heute ist Francesco Totti Kapitän des AS Rom. Den achten König von Rom nennen sie ihn, die davor waren Etrusker vor bald 3000 Jahren. „Wenn wir Totti verkaufen, können wir gleich das Kolosseum verscherbeln", hat sein Trainer Fabio Capello gesagt. Denn wie das Theater ist Totti ein Symbol der Stadt, aufgestiegen vom *pupone,* Riesenbaby, zum Gladiator.

Seine Fans, die Romanisti, lieben ihn bis zur Raserei. Und die Laziali hätten ihn immer noch gern. Da ist aber nichts zu machen. Jedes Derby gegen Lazio ist für den Anführer der Romanisti das Match des Lebens, das Spiel, dem er monatelang entgegenfiebert. Genau wie seine *tifosi*, die Fans. Einmal hat er nach einem Tor gegen die Cousins von Lazio sein Trikot ausgezogen und auf dem Unterhemd stand: „Ich hab' euch wieder aufs Klo gesetzt." Jahre später bekam Totti einen Bußgeldbescheid. Der Polizist, ein Lazio-Fan, hatte auf das Knöllchen geschrieben: „Diesmal setzen wir dich drauf."

Eigentlich muss man sich in Rom mit nichts anderem beschäftigen als mit Fußball. Dutzende Lokalradios senden *calcio parlato*, Fußball-Palaver, eine einschlägige Kultsendung läuft unter dem Titel „Schneewittchen und die sieben Hügel." Anders als im barbarischen Deutschland gilt es hier als echte Bildungslücke, wenn man die Abseitsregel nicht kennt und als ein Zeichen von Identitätsverlust, wenn man keine Lieblingsmannschaft hat. Der Fußball trennt Familien, Freunde und politische Genossen. Und er hebt die sonst so starren Klassenschranken auf. Beim *calcio* werden alle zu Kindern, die sich von denen auf dem Rasen mitreißen, trösten, ärgern lassen wollen. Die wildesten Priesterfresser sind schon zu Fuß zur Wallfahrtsstätte der Madonna del Divino Amore gepilgert, um himmlischen Beistand für ihren Lieblingsverein zu erflehen, und die aufgeklärtesten Intellektuellen knien nieder, wenn ihre Mannschaft in der Nachspielzeit noch den Ausgleich schafft. Das sonntägliche Match im Olympiastadion gleicht einer gigantischen heidnischen Liturgie – und beim Derby fallen sowieso Ostern und Weihnachten zusammen.

Einmal, nach einem 5:1 gegen Lazio, organisierten die Romanisti am nachfolgenden Montag einen Triumphmarsch zum Kolosseum. Gut 10 000 Sieger hatten sich mit der ziemlich ehrlichen Entschuldigungsformel „familiäre Gründe" bei ihren Arbeitgebern freigenommen und waren losmarschiert, an die rußgeschwärzten Bögen des Amphitheaters ein Suppenhuhn ohne Federn zu knüpfen. Und daneben ein Pappschild: „Wir haben euch gerupft." Lazios Wappentier, der Adler, ein nacktes Huhn. An jenem Montag trauten sich viele der gedemütigten Laziali erst gar nicht zur Arbeit, aus noch viel nachvollziehbareren familiären Gründen. Lazio-Fans haben ein Underdog-Image. Die Romanisti nennen sie *burini*, Bauern, weil Lazio angeblich nur Fans außerhalb der Urbs hat. Einer der wildesten Anti-Lazio-Songs trägt den Titel: „Ein Leben auf dem Traktor." Tatsächlich haben die Blauweißen kaum einen Römer. Dafür ist ihr Torwart der reichste Mann der Provinz Rieti.

Der wesentliche Unterschied zwischen Romanisti und Laziali liegt im Grad ihrer Leidenschaft. Wenn Lazio kurz vor dem Schlusspfiff 0:2 zurück-

Im Herzen ein Tankwart: Fußballheld Francesco Totti

liegt, stehen die Laziali auf und verlassen still das Stadion. Die Romanisti bleiben im umgekehrten Falle da und schreien noch lauter – sie sind felsenfest überzeugt, dass die Roma noch 3:2 gewinnt. Fußball ist im sonst zutiefst skeptischen Rom die einzige Religion und Francesco Totti ihr Prophet. Sein Auftritt ist der Höhepunkt des Sonntags. Wenn Carlo Zampa, der in Rom weltberümte Stadionsprecher, die Nummer zehn ankündigt, halten 80 000 Menschen die Luft an, fackeln Wunderkerzen ab, schwingen Fahnen und Spruchbänder. „Aufs Feld zieht das Herz von Rom, unser Capitano, Francesco TOTTTTIIII!“ Meist führt er ein Kind an der Hand, wenn er den Rasen betritt, irgendeinen kleinen Auserwählten, der vor Glück kaum laufen kann. Dann grüßt er die Südkurve. Und später erst den Schiedsrichter. Totti spielt ganz große Oper. Finten, Winkelzüge, genialische Einfälle. Auf römischen Schulhöfen üben die Kleinen seine Löffelchen-Nummer: Ball ganz leicht anlupfen, einmal ticken lassen und mit der Innenkante so sanft anzwirbeln, dass er sich wie eine weiche Pflaume ins Tor dreht.

Da ist einer, der genauso Fußball spielt, wie er ist. Lässig bis zur Wurstigkeit. Verschmitzt. Voller innerer Leichtigkeit. *Solare*, sagen die Römer, sonnig wie ihre Stadt. Bei einem Auftritt der Roma in der Haftanstalt Rebibbia traf der Kapitän gleich zwei alte Bekannte wieder, junge Männer aus San Giovanni, mit denen er früher auf dem Kirchplatz gekickt hatte. „So kann es gehen“, sagte Totti nachdenklich. „Ich bin Profi geworden, die sitzen im Knast.“

Wenn er nicht Fußballer geworden wäre, hat Francesco Totti einmal gesagt, wäre er bei einer Tankstelle gelandet. „Ich wollte Tankwart werden, denn mir gefiel der Geruch des Benzins.“ So spricht der Volkstribun, der bei der Meisterfeier 2001 über eine Million Menschen dirigiert hat. Man versammelte sich damals standesgemäß im Circus Maximus. Es war das größte römische Volksfest aller Zeiten. Wo Totti auftritt, steht Rom still. „Mein Traum ist es, samstagnachmittags endlich mal wieder über die Via del Corso zu bummeln“, hat Francesco Totti einmal gestanden. Aber das kann er vergessen. Und deshalb lebt er mit seiner Freundin Ilary, der blonden Wetterfee aus dem Fernsehen, lieber in Torrino, einer modernen, überhaupt nicht schicken Siedlung an der Peripherie. Für seine Familie hat Totti nicht weit entfernt eine Villa mit Pool gekauft, aber einmal in der Woche ziehen alle Tottis in ihre alte Wohnung in der Via Vetulonia 18 im Viertel San Giovanni, wo Francesco 1976 geboren wurde. Auf einen *caffè*, ein Glas Wein. Einfach, um im alten, engen Wohnzimmer mit Blick auf einen Schulhof zu sitzen und die Wurzeln zu spüren.

Überhaupt, *la famiglia*. Tottis großer Bruder Riccardo ist sein Manager. Einen Vater gibt es auch, aber mehr weiß man über ihn nicht. In der Familie hat, typisch Rom, Mamma Fiorella das Sagen. „Ich könnte ohne Essen, ohne Wasser, ohne Luft leben, aber nicht eine Minute ohne meinen Sohn.“ Als Francesco einmal mit einer vollbusigen Tänzerin aus Neapel zusammen war, ließ Mamma die Dame von einem Privatdetektiv beschatten, man weiß ja nie … Rom war einverstanden, denn jeder kleine Totti-Liebeskummer könnte sich verheerend in der Tabelle niederschlagen. Weswegen auch Italiens Staatsfernsehen *RAI* ein Auge zudrückt, wenn Ilary mit Francesco in Urlaub fahren muss. Dann sagt halt jemand anders das Wetter an – ein Held braucht sein Weib.

Neuerdings ist Francesco Totti auch Bestseller-Autor. Er hat zwei Bücher mit Witzen herausgegeben. Mit Witzen über sich selbst. Totti war im übrigen Italien als Dummbolzen verschrien, der nicht bis drei zählen kann. Und vor allem keinen Satz gerade herausbringt. Francesco Totti nuschelt im Dialekt der Römer. Das ist nicht immer grammatikalisch einwandfrei und elegant klingt es auch nicht, weil Römer dazu neigen, Wörter zu verstümmeln. Totti, der Maulfaule, hat es ihnen allen gezeigt und sich als ein Muster an Selbstironie offenbart: Totti entkorkt eine Flasche Frascati und heraus fährt ein Geist. „Du hast einen Wunsch frei“, sagt der. Totti überlegt nicht lange. „Lazio in die vierte Liga!“ Der Geist erschrickt. „Wie soll das gehen? Es ist unmöglich, die absteigen zu lassen.“ Totti ist einsichtig. „Schon gut, hab' verstanden, Geist. Bist auch Laziale. Also, machen wir was anderes. Ich möchte ein richtig kluger Kerl werden.“ Der Geist wird geisterblass. „Äh … ginge die dritte Liga auch in Ordnung?“

Italien lacht. Eine Million Bücher hat Totti verkauft, der Erlös ging an Unicef und Arme in Rom. „Leute, die wirklich nichts zu lachen haben“, sprach Francesco Totti, der achte König, zufällig Fußballer und im Herzen Tankwart. □

**Birgit Schönau,** *lebt seit 1990 in Rom und schreibt von dort für die* Zeit *und die* Süddeutsche Zeitung.

Melancholische Jünglinge, Imperatoren mit weltbeherrschender Geste, rasende Streitwagen – vor dem Tempel des Saturn lebt das antike Rom im Nippes wieder auf

# „Sieh dir Cäsars Bauwut an“

**Zeitreise ins Jahr 20 v. Chr.: Lucius und Marcus, zwei alte Schulfreunde aus der Provinz, verbringen einen Tag auf dem Forum Romanum**

Text: Peter Mayer

Gerold Hänel

der Staub fliegt hoch an diesem Tag. Der Wind fegt um die Häuser und Tempel, klatscht an die Sonnensegel der Imbissstände und presst Tuniken wie Trikots an die Brust der Passanten.

„Ich freue mich so, dass du nach Rom gekommen bist", sagt Lucius Crassus zu seinem Freund Marcus. Die beiden haben sich seit Kindertagen nicht mehr gesehen, als sie an der Schulhausmauer mit Strichen zählten, wie oft ihr Lehrer sie verprügelte. Sie zahlten dem Alten damals ihre brennenden Hintern heim, schmähten ihn als elenden knabengeilen Hengst.

Das ist zwei Dezennien her. Marcus ist inzwischen Verwalter der Steinbrüche in Luni, der Stadt im Norden am Meer, aus der die Römer neuerdings den Marmor holen. Lucius hat es als Anwalt in Rom zu Ansehen gebracht.

„Gehen wir zum Forum", sagt der Römer. Als die Freunde von Nordosten her die abfallende Straße an der Basilica Aemilia hinuntergehen, zögert Lucius. „Schade", sagt er, „die Säulen dieser Halle stammen nicht von dir, sondern aus Kleinasien. Schwarzweiß gefleckter Marmor wie das Fell wilder Tiere."

Lucius schwenkt nach rechts und wieder nach links. „Bleib stehen und fass dich!" Doch Marcus hört gar nicht zu bei all dem, was er da sieht: All die Laffen, deren Bärte und Haar von Öl glänzen, eine, wie er findet, „dreihundertjährige" Alte, deren Stirn mehr Falten aufweist als ihre Stola. Ein Bettler mit einem schwarzen Köter an der Leine fleht um Erbarmen. „Das ist einer dieser Zyniker", sagt Lucius, „die wollen bloß auffallen und nennen ihr Gehabe dann Philosophie. Solchen Menschen kann man nur den *digitus impudicus*, den Stinkefinger, zeigen". Doch der Gast aus der Provinz bestaunt schon längst einen Mohrensklaven, der einen Elefanten durch die Menge dirigiert; kahlrasierte Ägypter, die steif wie Statuen ihre Göttin Isis vorbeitragen. Und da trottet entgeistert ein Rudel tätowierter Rothäute aus dem fernen Britannien.

Als sie vorm Cäsar-Tempel stehen wird Lucius' Stimme geradezu feierlich: „An dieser Stelle wurde vor fast 25 Jahren Cäsars Leiche verbrannt." An jenem Tag, erzählt er, drängten zwei schwer bewaffnete Männer an die Bahre und entzündeten sie mit Wachsfackeln. Die Masse reagierte entfesselt. Die Musikanten des Totenreigens rissen sich die Kostüme vom Leib und warfen sie in die Flammen, Frauen opferten Amulette und Armbänder, Veteranen von Cäsars Legionen ihre Waffen. Und im ekstatischen Gekreisch, man solle die Mörder erschlagen, fiel der blutverkrustete Leichnam zu Asche.

Wenig später ordnete der Senat die Vergöttlichung Cäsars an und baute ihm diesen Tempel. Augustus, damals noch als Oktavian bekannt, hat ihn eingeweiht. „Dort an der Vorderwand des Podiums steht der Altar, auf dem die Römer alljährlich an den Iden des März Blumen niederlegen. Gehen wir nun hinüber zur Curia, auch wenn der Senat heute nicht tagt", sagt Lucius. „Ich nenne sie unser Hohes Haus. Den Saal hat Cäsar in Auftrag gegeben, und Oktavian hat ihn zu Ende gebracht."

Über Eck zur Curia habe Cäsar sein eigenes Forum gebaut. Erst aber musste er sich – „römische Preise, du kannst sie dir nicht vorstellen" – für angeblich 60 Millionen Sesterzen Grundstücke zusammenkaufen. Ein Jahr nach der Grundsteinlegung für die Curia begann er mit dem Bau. Den Tempel weihte er der Venus Genetrix. Im leichten Gewand, Amor auf den Schultern, beherrscht sie das Allerheiligste. Die Reiterstatue Cäsars davor bewacht das Forum.

„Alles schön und gut", sagt Marcus. „Aber woher hatte dieser Mann das viele Geld für seine Bauwut?" „Zunächst einmal hatte er maßlose Schulden", erwidert Lucius, als die beiden zurückgehen zum alten Marktplatz, vorbei an den Wechslern vor der Basilica Aemilia, die Kunden heischend mit geschickten Fingern Münzen über die Tresen klimpern lassen. „Cäsars Geschäfte, übel, übel", sagt Lucius. In Spanien habe der Diktator Städte ausgeplündert, in Gallien Weihegeschenke aus den Tempeln geklaut, sich auch mal am Staatsschatz vergriffen und jedem Schutzgeld abgepresst, der sich an seiner Seite sicher fühlen wollte. „Auch die klotzige neue Rednertribüne hier hat Cäsar finanziert." – „Und vollendet hat sie wohl Oktavian", ergänzt Marcus schmunzelnd. „Nicht ganz", sagt Lucius. Oktavian habe lediglich die vergoldeten Schiffsschnäbel dranmontieren lassen, die etwa 300 Jahre zuvor in der Seeschlacht bei Antium von den Latinern erbeutet worden waren.

„Jetzt aber kommen wir zur Basilica Julia. Hier war wieder das Baumeister-

Großartiger Empfang in Stein gemeißelt: Relief am Triumphbogen (o.l.), der im Jahr 81 n. Chr. zu Ehren von Kaiser Titus errichtet wurde. Der Trajansmarkt (u.l.) vom Anfang des 2. Jh. n. Chr. umfasst sechs Stockwerke. In mehr als 150 Läden boten Händler dort ihre Waren feil. Im Museo della Civiltà Romana gibt ein 400 Quadratmeter großes Modell (r.) einen Eindruck von Architektur und Stadtplanung des antiken Rom

Über den Resten des 104 n. Chr. niedergebrannten Nero-Palastes Domus Aurea (u.r.) entstanden die Trajansthermen. Der riesige Komplex hatte eine Ausdehnung von 330 mal 315 Metern. Die Rekonstruktion zeigt links den Haupteingang, dann die Schwimmhalle, am höchsten aufragend das Frigidarium (Kaltbad), daneben Tepidarium (Lauwarmbad) und Caldarium (Warmbad). Treffpunkt vor und nach dem Bad war der weite Hof mit den Sitzstufen im Halbrund

Der Tempel Julius Cäsars erhebt sich an der Stelle, an der die Leiche des Politikers und Feldherrn verbrannt worden war (li.). Rechts ragt der Tempel für Castor und Pollux auf, davor stehen drei Ehrensäulen und die Reiterstatue Domitians aus dem Jahr 91 n. Chr.

Doppel Cäsar und Oktavian aktiv. Und hier habe ich zu tun. Vertrete meine Mandanten in Eigentums- und Erbschaftsangelegenheiten", sagt Lucius. Marcus hört nur halb hin. Er interessiert sich mehr für die Faulenzer und Tagediebe, die Spielfelder in die Treppenstufen geritzt haben und mit kleinen Knochen Mühle spielen. Neugierige beugen sich über die Akteure, reden lautstark drein und fluchen wie römische Müllkutscher. „Du Drecksack" gehört noch zur milderen Sorte.

Sie überqueren den Vicus Tuscus, wo Jünglinge Handel treiben mit ihrem Körper, und stehen vor dem Tempel für Castor und Pollux. „Wir Römer haben es mit den Zwillingen", sagt Lucius. „Da ist Romulus, der sagenhafte Stadtgründer, der seinen Bruder Remus erschlug. Und da sind Castor und Pollux, das Pärchen mit ungewisser Vaterschaft." Von Frauen, sagt Lucius, würden sie als Helfer in jedweder Not verehrt. „Wo wir schon hier sind, lass uns den Schlenker zum Vesta-Tempel machen. In dem zierlichen Rundbau – kein Werk des Cäsar – brennt das Feuer der Gottheit, gehütet von sechs Jungfrauen." – „Und deshalb brennt der Bau auch, wie ich höre, so oft nieder", meint Marcus. Lucius erzählt von den Vestalinnen, die zehn Jahre Novizinnen sind, zehn Jahre Dienst an der Göttin tun und dann zehn Jahre als Lernschwestern arbeiten. Erlischt das Feuer, werden sie ausgepeitscht. Begegnen sie auf der Straße einem zum Tode Verurteilten, wird der Missetäter begnadigt. Geben sie sich aber einem Mann hin, werden sie lebendig begraben. „Ich vergesse nie die Schreie einer Vestalin auf dem Weg zur Gruft." Lucius kommt einen Moment ins Sinnieren, fängt sich aber schnell: „Schluss mit den finsteren Gedanken. Ich habe Durst."

Die Freunde drängeln sich durch die Gassen, werden rüde zur Seite gestoßen von einem schwitzenden Mann, der geschlachtete Hühner am Strick um den Hals hängen hat. Sie hätten sich am liebsten die Ohren zugehalten, um sich vor dem Gekreisch auf der Straße zu schützen, für Momente hören sie auf zu atmen, wenn der Gassengestank gar zu widerlich in ihre Nasen kriecht.

„Vorsicht", ruft Lucius, als sie an einem Hochhaus vorbeikommen. Schon platscht ein Jauchegeschoss aufs Pflaster. „Irgendwo müssen die Römer ja wohnen. Deshalb werden solche *insulae* gebaut. Bis zu sieben Stockwerke, 70 Fuß hoch, alles darüber hinaus ist verboten. Da leben dann Großfamilien in einem Raum, brutzeln auf offenem Feuer – und immer mal wieder brennt es. Aber wir sind jetzt da."

Die beiden betreten eine schummerige *popina*, eine Kneipe. „Zwei Falernerweine", sagt Lucius zum Wirt, „mit Eis". Marcus wundert sich und erfährt, dass Spezialunternehmen im Winter aus dem Eis der Albaner Berge Blöcke heraussägen und sie in Kühlkellern lagern. „*Bene te!* Auf dein Wohl!", prosten sich die Freunde zu. „Sag mir, Lucius, wovon leben die vielen Menschen da draußen?", fragt Marcus. „Von der Wohlfahrt", erklärt Lucius, „einmal im Monat gibt es fünf *modii* Getreide."

Die Männer trinken ihre Becher aus, legen vier Asse auf den Tresen und gehen wieder hinaus ins Gewühl. „Lass uns in die Thermen gehen", schlägt Marcus vor. Lucius hat ein kleineres Badhaus in der Nähe im Auge, immerhin gibt es in Rom insgesamt 170 davon. Gleich am Eingang läuft ihnen Sergius Orata über den Weg. Lucius kann diesen Bauspekulanten nicht leiden. Der Mann hat gleichsam mit heißer Luft ein Vermögen gemacht: Seine Bautrupps sind spezialisiert auf Fußbodenheizungen.

Die Freunde genießen es, im Laconium zu schwitzen, schwimmen ein paar Runden und rangeln übermütig in der Palästra wie einst als Jungen in Luni. „Du bist ja stark wie Ursius." Marcus kennt diesen Gladiator nicht, fühlt sich aber auch nicht geschmeichelt, mit einem Haudrauf verglichen zu werden, der zum Spaß der Massen auf Leben und Tod kämpft. Lucius sieht das anders. „Du musst bedenken, womit das alles einmal angefangen hat: Menschenblut, das in die Erde sickert, schenkt den Verstorbenen neues Leben. So dachten jedenfalls unsere Vorfahren." Bei einer Feier, die Cäsar zum Gedenken an seinen toten Vater ausrichtete, seien 640 Gladiatoren aufeinander losgegangen. War einer der Akteure getroffen, bliesen Trompeten. Der Verwundete bat um Gnade, die Menge entschied über Leben und Tod. War einem der Kämpfer die Seele aus dem Leib gestochen worden, trat ein Schwarzgekleideter aus dem Hintergrund und ließ den Toten am Haken aus dem Ring schleifen.

„Das ist nicht meine Welt", sagt Marcus. „Ich bitte dich", entgegnet Lucius. „Sogar auf dem Forum hat so was früher stattgefunden. Da wurden Tribünen aufgestellt und von Marinesoldaten Segel gespannt, damit kein Zuschauer einen Sonnenstich bekam."

Als die Sonne sich langsam senkt, sagt Lucius: „Lass uns zum Abendessen zu unserer Freundin Claudia gehen." Die beiden schlendern Richtung Tiber. Herzlich werden sie begrüßt, ein Sklave wäscht ihnen die Füße. Im Triclinium machen sie es sich bei den anderen Gästen auf Liegen bequem. Salate, Gemüse, Pilze, Krustentiere, Fisch und – unvermeidlich – nicht zu hart gekochte Eier werden ihnen serviert. „Mit *mulsum,* dem Honigwein, spült euch vor einem Gelage die Därme durch", sagt Claudia, „das hat schon Horaz empfohlen."

Als alle Gäste ihre voll geladenen Teller vor sich haben und schlemmen, murmelt kaum hörbar ein Gast: „Sie erbrechen sich, um zu essen; sie essen, um sich zu erbrechen." – „ Das kann doch jeder machen, wie er will", erwidert sein Tischnachbar. Es gebe nun mal solche Würger, die sich den Federkiel in den Hals stecken, um noch mehr vertilgen zu können. „Freunde, haben wir nichts Besseres zu bereden?", sagt ein anderer. „Ich wünschte mir mal wieder einen großen Triumphzug. Vier Schimmel ziehen den Wagen übers Forum. Darauf der Kriegsheld im golden durchwirkten Purpurgewand, den Lorbeerkranz auf dem Haupt." Sie schwelgen in Fantasien, als der Nachtisch kommt: Kranich, Gänseleber mit Feigen, Kuchen und Obst. Mancher isst mit schwer gewordener Zunge. Nur Lucius und sein Freund haben sich gemäßigt. Als die beiden übers Forum gehen, steht im Westen gleißend die Venus am Himmel. Und auf den Stufen der Basilica Julia hocken noch immer die Spieler, betrügen und bepöbeln sich. „Und was machen wir beide morgen?", fragt Marcus. □

**Peter Mayer,** *langjähriger* Stern-*Autor, lebt in Hamburg und begeistert sich für die Geschichte der Antike.*

## Auf dem Plan des Forum Romanum sind alle Gebäude farblich hervorgehoben, die es zur Zeit um 20 v. Chr. bereits gab.

Der ❶ Triumphbogen des Septimius Severus (203 n. Chr.) erinnert an den Sieg des Kaisers über die Parther. Der ❷ Tempel des Antoninus und der Faustina (141 n. Chr.) wurde als Kirche genutzt und ist deshalb so gut erhalten wie der ❸ Tempel des Romulus. Historiker glauben, dass Kaiser Maxentius ihn Anfang des 4. Jh. n. Chr. zu Ehren seines früh verstorbenen Sohnes errichten ließ. Die ❹ Maxentius-Basilika, auch Konstantins-Basilika genannt, ist einer der imposantesten Bauten des spätantiken Rom. Der ❺ Titusbogen (81 n. Chr.) verherrlicht den Kaiser, der ein Jahrzehnt zuvor die Juden besiegt und in die Verbannung getrieben hatte.

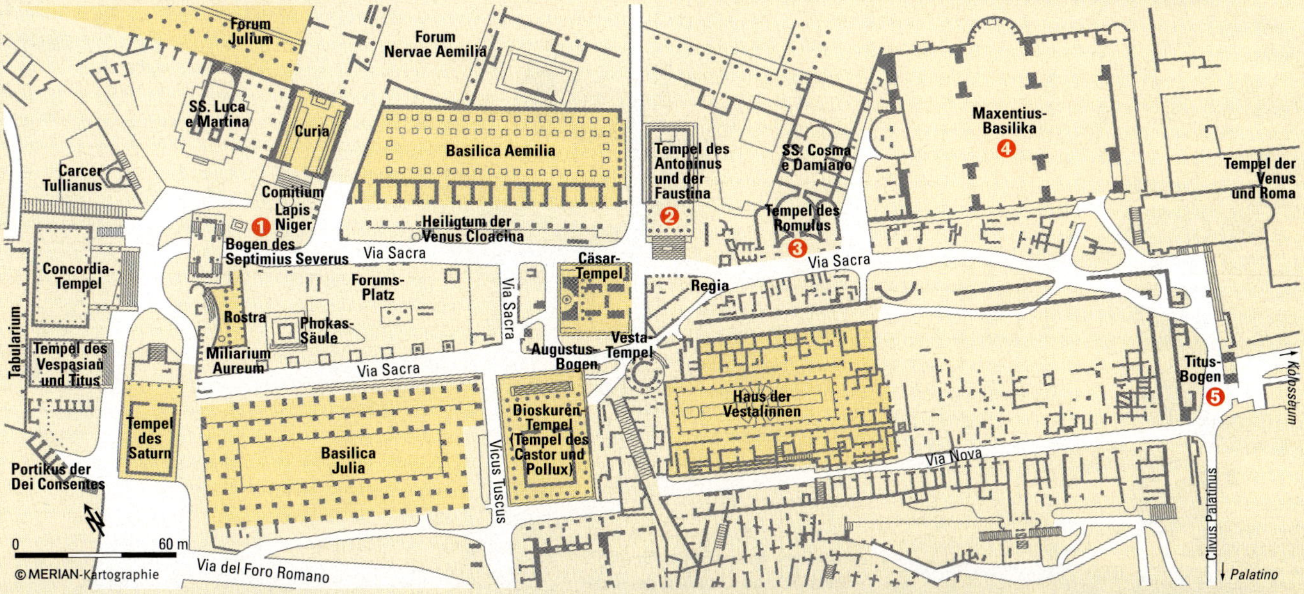

**In Ostia wird die Nacht zum Tag. Die schillernde Schickeria der Fifties feierte hier ihre Parties, jetzt haben die Römer den Badeort für sich neu entdeckt. Eine halbe Million Menschen bevölkern am Wochenende Discos und Clubs. Ihr Ziel: Tanzen bis zum Morgengrauen am Strand, der niemals schläft**

Text: Ulf Lüdeke, Fotos: Samuel Zuder

Modern ist, was schon mal veraltet war: „Faber Beach" und Strandpromenade unter grellen Scheinwerfern

# DAS COMEBACK EINER LEGENDE

Karibischer Taumel: Bei der Salsa-Nacht im „Tibidabo“ wird hingebungsvolle Paar-Gymnastik geübt

# RUND UM DIE UHR IN FORM SEIN

Große Sprünge: Der Turm der Badeanstalt „Kursaal“ ist ideal für Mutproben aus bis zu zehn Meter Höhe

„Sonne am Strand, ich hasse es“, sagt Cristiano am Strand ohne Sonne. Seine Stahlstecker in Nase und Ohren reflektieren blass das Schwarzlicht im Holzturm, unter dessen Dach er Regler dreht und Scheiben wechselt. Akustisch chancenlos klatschen wenige Meter hinter seinem Rücken in der Finsternis Wellen ans Ufer. „Ich bin der Weißeste in der Stadt, den es gibt“, fügt er grinsend hinzu, dreht an einem Knopf und versucht konzentriert, die Reaktionen der Menge zu entdecken, die da unten vor dem Turm auf einer Holzveranda sitzt und an ihren Drinks nippt. Cristiano, 27, macht die Nacht zum Tag – als „DJ Dust“ im „Faber Beach“, dem bekanntesten Pub am Lido di Ostia.

Das Viertel, in dem sich die Strandbar befindet, gehört zum 13. von 19 Verwaltungsbezirken der italienischen Hauptstadt und ist Legende. Während des Ersten Weltkriegs auf dem Reißbrett als Badeort für Rom geplant, entwickelt sich die Kleinstadt an der Tibermündung in den fünfziger und sechziger Jahren zum schillernden Ziel von Sommerfrischlern und dem Rest der Welt. Gregory Peck lässt hier mit seinem schläfrigen Zahnarztlächeln kreischende Römerinnen in Ohnmacht fallen, John Wayne verblüfft am Strand ohne Revolver, Anita Ekberg startet mit inflationärer Textilknappheit einen Flexibilitätstest der katholischen Sittenmoral und endet in einer Carabinieri-Kaserne.

Als die Film-Ikone Pier Paolo Pasolini von einem Strichjungen am *idroscalo*, dem Wasserflughafen von Ostia, 1975 brutal ermordet wird, erlebt die Stadt ihren letzten großen Skandal – und versinkt anschließend in die Bedeutungslosigkeit, symbolisch in Zement gegossen durch Betonburgen, die wie Unkraut den illustren Ort zuwuchern und in eine maßlos übervölkerte Schlafstadt mit großen sozialen Problemen verwandeln.

Die Art, wie sich der Lido drei Jahrzehnte später wieder im Bewusstsein der Römer zurückmeldet, taugt als Stoff für eine moderne Rock-Musical-Version von Aschenputtel. Allein in den neunziger Jahren wurden über 100 Millionen Euro in Strandaufschüttungen und Renovierungen der *stabilimenti balneari* investiert, jener Badeanstalten, an denen sich bis in die späten fünfziger Jahre die Stararchitekten des italienischen Rationalismus und Neoklassizismus austobten. Auch viele Häuser auf der anderen Seite der Strandpromenade wurden renoviert, nicht wenigen allerdings haftet noch immer der blättrige Charme alter ostdeutscher Villensiedlungen an, den ihnen einst die russische Armee verliehen hatte. Dennoch, Ostia meldet sich zurück: als mediterraner Fluchtpunkt für alle, die die Nase voll

## NACH DER HITZE WIRD OSTIA COOL

Variationen am Strand: feinkörnig zum Entspannen, chic hinter Gittern, gefliest wie im Freibad und als Open-Air-Bar im „Café del Mar“

haben von Smog und Großstadthektik. Als Strand, der niemals schläft.

Italo und Cinzia, Architekturstudenten aus Rom, beide Mitte 20, schauen auf den Turm an der „Faber Beach" hinunter, in dem DJ Dust mit Lenny Kravitz seine Gäste unter den Füßen kitzelt. Die beiden sitzen bei Kerzenlicht und Rotwein auf der Dachterrasse gegenüber vom „Faber". Ein Freund hat in dem kubistischen Sechsgeschosser ein Apartment gekauft, das er tageweise vermietet und oft auch selbst nutzt. Hotels sind knapp, Ostia ist keine Touristenstadt, und noch leben in einem Großteil der Wohnungen Ostienser. „Ein Paradies auf Erden", seufzt Cinzia in den lauen Abendwind des Tyrrhenischen Meeres und schneidet mit der Zungenspitze frech einem über den Erdbeermund flüchtenden Weintropfen den Weg ab.

Auch am „Faber Beach" flackert ein Meer aus Kerzen, versenkt in Hunderten kegelförmiger Löcher, die kurz nach Sonnenuntergang in den Sand gegraben wurden. Die Glühwürmchen, die ihr Licht dazwischen pulsen, entpuppen sich am Strand als Handy-Displays.

Bis vor ein paar Jahren zog es meersüchtige Römer noch nach Fregene, nördlich von Fiumicino. „Kein Vergleich mehr zu Ostia", winkt Italo ab. „Hier findest du die besten Discotheken, 20 Stück, und Pubs, verteilt auf sieben, acht Kilometer Strand. Da ist für jeden Geschmack was dabei."

## Das Auto

lassen die beiden an diesem Samstag stehen, und das ist gut so. Denn an heißen Wochenenden überfluten über eine halbe Million Besucher den *lungomare*, die Strandpromenade von Ostia. Selbst unter der Woche sind es 100 000 pro Abend. Die meisten kommen, wie Italo und Cinzia, aus Roms Innenstadt und trotz guter Anbindung mit Bus und Bahn, natürlich mit dem Auto. Selbst tagsüber bewegt sich oft nichts mehr auf der Promenade. Parklücken in den geparkten Blech-Lindwürmern sind auf den acht Kilometern trotz Doppel- und Dreifachreihen so selten wie Sechser im Lotto.

Zum Warm-up steuern Italo und Cinzia gern das „Barrique" am Piazzale Magellano an. Die Weinbar gilt als einer der heißesten Szenetreffs. Die bekanntesten DJs aus Rom treiben den Gästen mit Chill-out-Sounds vom frühen Abend bis spät in die Nacht den Alltagsstress aus den Gliedern. Tanzen ohne Ende, dafür ist Ostia berühmt: Im „Mami" etwa, dem neuen Renner im balearischen Disco-Stil, einer Freiluftbar mit Go-go-Girls. Oder im „Tibidabo", wo sich samstags die Salsa- und Merengue-Süchtigen in karibischem Taumel verlieren.

Sportler in praller Sonne und ein bekennendes Bleichgesicht: DJ Dust im „Faber Beach“ legt Wert auf feine Blässe

# BAGGERN BEI TAG UND NACHT

Immer öfter verlagern sich die Partys in Richtung Ufer – trotz fast 100 Jahren Strandbadkultur ein neues Phänomen in Ostia. Die 61 *stabilimenti* an der Promenade erhielten erstmals vor fünf Jahren vom Staat als Verpächter die Genehmigung, auch nach offiziellem Schluss des Badebetriebs um 19 Uhr ihre Tore noch offen zu lassen. Der Erfolg dieser Lizenz zum Tanzen war so durchschlagend, dass der Strand von Ostia zum unumstrittenen Zentrum des Nachtlebens an der 356 Kilometer langen Küste von Lazio aufstieg.

## Am liebsten

lassen Italo und Cinzia schon vormittags das Chaos der Großstadt hinter sich, mieten einen der Zehntausende von Liegestühlen am Lido und wagen kühne Sprünge vom kreisrunden Zehn-Meter-Turm des „Kursaal“, einer der bekanntesten Badeanstalten Italiens. Simona, 24, hingegen lässt es mit ihren Freunden Fabrizio, Marta und Roberta gemütlich angehen. Den Discos ziehen sie die meist weniger kostspieligen Pubs vor. Wie das „Café del Mar“ auf dem Gelände des *stabilimento* „Pinetina“. Zwei Tanzflächen und mehrere luftige Lounges locken Hunderte von Nachtschwärmern an, bewacht von überall herumlungernden, o-beinigen „Security“-Leuten, deren Terminator-Blick und -Statur Zechpreller und andere unerwünschte Gäste abschrecken soll. „Vor 23 Uhr kommen wir selten“, erzählt Simona. „Und dann ist Bar-Hopping angesagt, bis zum Schluss.“

Fabrizio, 26 und von Beruf Hochzeitsfotograf, schlürft auf einem Lederkissen zu wummernden House-Rhythmen nachdenklich aus seinem Sektglas: „Nicht, dass ich was gegen Sauberkeit und Ordnung hätte …“ Er ist nicht der einzige, der Ostias Aufstieg mit einem Schuss Misstrauen verfolgt. Manchen sticht der gesamte Lido bereits als eine Art keimfreie Zone ins Auge: der dunkle Sand frei von Kippen und Müll, täglich artig geglättet, die Divisionen von Liegen und Sonnenschirmen wie zur Parade akkurat ausgerichtet, die Strandkabinen frisch getüncht.

Faszinierender ist für Fabrizio die hinterste Ecke am Strand von Ostia, im Volksmund *cancelli* genannt, Gittertore. Acht Badeanstalten, die über die Via Litoranea erreicht werden und etwa drei Kilometer südlich vom letzten *stabilimento* an den von Macchia bewachsenen Hängen eines Naturschutzgebietes beginnen. Der Eintritt ist frei, breiter Strand liegt zwischen hellen Dünenbergen und rauen blauen Wellen. So war ganz Ostia vor 100 Jahren. Hier kicken besessene Straßenfußballer aus Rom im Sand, hier steigen die heißesten Beachvolleyball-Turniere.

Und hier gibt es laut Fabrizio auch die wildesten Strandpartys. Vor allem Rave und Techno, zu denen die Fans manchmal zu Tausenden kommen. Ohne offizielle Ankündigung, versteht sich, denn niemals würden die Behörden hier ein Konzert genehmigen, geschweige denn eine riesige Party. Die Tore werden schon um 19 Uhr geschlossen. „Aber es lohnt sich“, sagt Fabrizio, „nach der Lücke im Zaun zu fragen“. □

**Ulf Lüdeke** *lebt seit 2001 auf Sardinien und arbeitet als freier Journalist für verschiedene deutsche Zeitschriften.*

## MERIAN | TIPP Ostia

### DISCOS UND PUBS

**Faber Beach**
Lungomare Toscanelli 199
Tel. 065 61 38 49
Offener Strand mit australischem Pub am nördlichen Anfang der Strandpromenade; Spezialität: Traditioneller Rock und Pop, *tgl. geöffnet*

**Barrique**
Lungomare Toscanelli 31
Tel. 800 22 77 47 83
www.barrique.it
Chill-out-Bar, Weinlokal, wird gern von VIPs besucht.

**Mami**
Lungomare Caio Duilio 32
Tel. 33 86 82 21 09 Neue In-Disco, die vom 80er-Jahre-Pop über Funk, Black und House alles spielt, *nur Sa geöffnet, Eintritt: Verzehrbon, Männer 12 Euro, Frauen 10 Euro*

**Tibidabo**
Lungomare Duilio 22
Tel. 33 31 45 21 22 Pub, Disco, Sa Musik-Themenabende, vor allem Salsa und Merengue, *Eintritt nur Sa: 8 Euro inklusive einem Drink, Mo Ruhetag*

**Café del Mar**
Lungomare L. Catulo 10
Tel. 06 56 47 09 22
www.ilcafedelmar.com
Großer Disco-Pub (Pop, House, Black) und mehrere Freiluft-Lounges, *Do-So geöffnet*

**La Spiaggetta**
Lungomare Caio Duilio 38
Tel. 34 88 86 17 69
www.laspiaggetta.com
Discobar an offenem Strand, Mo und Mi Tanz zu ethnischer Mittelmeermusik, *tgl. geöffnet*

**La Rotonda**
Piazzale Cristoforo Colombo
Tel. 06 56 47 07 28
www.larotonda.it Exklusive Strandbar, Disco *(Do-Sa geöffnet)* und Restaurant, kenianisches Ambiente

**Tantra Lounge Pub**
Lungomare Vespucci 32
Tel. 34 76 66 86 12 Disco und Black Music am Wochenende, Chill-out und Lounge in der Woche, *So Ruhetag*

### STRÄNDE

**Kursaal**
Lungomare L. Catulo 36-40
Tel. 06 56 47 01 71 Badeanstalt (Eintritt ab 10 Euro) mit Strandbereich und großem Schwimmbad (mit spektakulärem Sprungturm, 1-, 3-, 5- und 10-Meter-Brett), *9-19 Uhr*

**Nuova Pineta**
Lungomare L. Catulo 6
Tel. 06 56 47 01 61 Badeanstalt mit diversen Sportmöglichkeiten: Tennis, Tischtennis, Basketball, Schwimmbad, Beachvolleyball, *9-19 Uhr, Eintritt ab 2,50 Euro*

**Corallobeach**
Lungomare A. Vespucci 112
Tel. 06 56 47 07 01
www.corallobeach.it
Badeanstalt mit Restaurant, Strandbar, Beachvolleyball, *9-19 Uhr, Eintritt ab 3 Euro*

**Bud Beach**
Ca. 10 km südl. von Ostia Richtung Torvajanica, Badeanstalt, 8. und letztes der so genannten *cancelli*, riesige Strandbar unter Strohdach, Eldorado für Beachvolleyball und Strandfußball, *tgl. 7-19 Uhr*

**Schnellste öffentliche Verkehrsanbindung an Rom:**
Metro B am Hauptbahnhof in Richtung Laurentina, an Haltestelle Piramide umsteigen in Zug „Piramide – Lido di Roma“ (Fahrtzeit bis Ostia 25 min.); Busse entlang des Lido: „07 Mare 1“ (Stazione C. Colombo bis Campo Ascolano) und „026 Mare 2“ (Lungomare Vespucci bis Via Baffigo), *ab 6.45 Uhr*

# Kapitale des faulen Zaubers

**Katholisch? – Ja, natürlich. Das hindert viele Römer aber nicht, mindestens einmal im Jahr selbst ernannte Magier oder Wahrsager um guten Rat zu fragen. Und der ist teuer. Selbst die Kirche wird nervös, denn Aberglauben hat Hochkonjunktur**

**Text: Thomas Migge**

Sie hat sich den für Italiener exotischen Namen Fatima gegeben. Das verweise, sagt sie im Brustton der Überzeugung, „auf meine geheimen Kräfte". Fatima ist zwischen 50 und 60 Jahre alt. „Mein Alter verrate ich Ihnen nicht", meint sie und zieht verächtlich ihre Augenbrauen hoch, „denn Individuen wie ich haben kein Alter." Fatima kleidet sich ganz in Schwarz, was ihre knallrot gefärbten Haare noch mehr hervorhebt. Sie arbeitet meist bei der Piazza Navona. Am Eingang jener kleinen Gasse, die von dem barocken Platz zum Palazzo Madama führt, dem Sitz des italienischen Senates, stellt sie ihr kleines Klapptischchen auf. Auf einem Campinghocker sitzend wartet sie auf Klienten.

„Hier kommen sie alle vorbei, meine treuen Kunden", sagt sie und zeichnet mit ihrer beringten rechten Hand einen Kreis in die Luft. „Touristen und Römer, Abgeordnete und Senatoren", verrät sie und will uns weismachen, dass „auch der große Giulio" ab und an ihr Können nutzte, um in die Zukunft zu schauen. Sie meint den siebenfachen Ministerpräsidenten Giulio Andreotti, der, fügt sie flüsternd hinzu, „etwas ganz Magisches" ausstrahlt.

An manchen Tagen der Woche trifft man Fatima nicht auf der Straße, denn, verkündet sie stolz, „ich habe ja auch meine TV-Show". Damit meint sie einen einstündigen abendlichen Sendeplatz, den sie auf eigene Kosten bei einem der zahllosen römischen Privatfernsehsender mietet. Ausgerüstet mit ihren abgegriffenen Karten, einer Kristallkugel und einem geheimnisvoll bedeutsamen Blick lauscht sie aufmerksam den Fragen der Anrufer.

Fatima gehört einer boomenden Berufsgruppe an. Angeblich geben die Italiener jährlich rund 1,5 Milliarden Euro für Magier, Zauberer und Wahrsager aus. Für jene zwielichtigen Gestalten, die Italien-Besucher beim abendlichen Zapping im Hotelfernseher begutachten können. Frauen und auch Männer, die das Blaue vom Himmel versprechen und einen so regen Zulauf haben, dass die katholische Bischofskonferenz bereits nervös wird und ihre Geistlichen dazu auffordert, die Kirchgänger davon zu überzeugen, doch bitte nicht mehr *i maghi* aufzusuchen. Glauben und Aberglauben finden in der Hauptstadt der katholischen Christenheit zusammen.

Obwohl die italienische Bevölkerung zu rund 90 Prozent römisch-katholischen Glaubens ist und *il Papa* wie einen Gott verehrt, frequentieren etwa fünf Prozent aller getauften Katholiken mindestens einmal im Jahr einen Zauberer, Magier oder Wahrsager. Vor allem in Rom.

„Seit der Einführung des Euro und der drastischen Verteuerung des täglichen Lebens", so der Soziologe Raffaele Pastore vom römischen Sozialforschungsinstitut CENSIS, „laufen die Römer den Wahrsagern die Bude ein, um sich Rat zu holen."

„Rom war immer schon eine magische Stadt", erklärt Gabriele Amorth. Der schlanke und hoch gewachsene Mann mit dem durchdringenden Blick muss es wissen. Er ist Geistlicher und Präsident der internationalen Vereinigung aller katholischen Exorzisten. „Der Teufel versucht immer wieder, die Römer vom wahren Glauben abzubringen", weiß Padre Amorth und berichtet von hunderten von Besessenen, die von böser Magie befreit werden müssen. Selbst die hohe Geistlichkeit, verrät der Teufelsexperte, sei nicht frei von magischen Anwandlungen und „ein schlechtes Vorbild für die Gläubigen".

Ein Blick in die Papstgeschichte beweist, dass selbst die Stellvertreter Christi auf Erden sich schon vor 1000 Jahren von der römischen Magiermanie anstecken ließen. Papst Gregor VII. (1073-1085) wird nachgesagt, mit Zauberformeln Funkenregen erzeugt zu haben. Sein Vorgänger Benedikt X. (1058-1059) soll bei einer Zauber-Session, bei der er mit dem Teufel Kontakt aufnehmen wollte, gestorben sein. Von Silvester II. (999-1003) sagt man, dass er ein Meister darin war, schöne, aber widerspenstige Signorine mit Zauberformeln derart zu bezirzen, dass sie

Lügendetektor der Antike: Betrüger, die ihre Hand in die Bocca della Verità legen, bekommen sie vielleicht nicht zurück

ohne Widerstand in sein päpstliches Bett huschten. Einer der mittelalterlichen Honorius-Päpste soll gar der Autor des „Grimorio" gewesen sein, eines Zauberbuches mit Dutzenden von magischen Formeln. Das Original dieses geheimnisumwitterten Buches wird vermutlich in der vatikanischen Bibliothek aufbewahrt. Unter Ausschluss der Öffentlichkeit natürlich.

Zugänglich für Rom-Besucher mit einem Hang zur Magie sind aber viele andere Orte, wie die Chiesa del Sacro Cuore del Suffragio. In der kleinen Kirche am Tiberufer befindet sich das weltweit einzige römisch-katholische Museum für den Nachweis der Existenz toter Seelen. Wäschestücke mit Brandspuren, die von Seelen berührt worden sein sollen, sind in Glasvitrinen zu sehen. Geister aus dem Jenseits sollen sich vornehmlich in der Via Giulia aufhalten, ganz in der Nähe der Kirche Santa Maria dell' Orazione e Morte, deren Fassade mit Totenköpfen geschmückt ist. Eine geheimnisumwitterte katholische Bruderschaft hatte hier jahrhundertelang ihren Sitz. Sie nahm sich jener Verstorbenen an, die auf Roms Straßen gefunden wurden und die keine Verwandten hatten.

Zauberinnen wie Fatima sind davon überzeugt, dass Menschen mit magischen Kräften in der Kapelle der Kapuzinerkirche Santa Maria della Concezione in der mondänen Via Veneto mit Toten Kontakt aufnehmen können. Die mehrräumige Kapelle aus dem 17. Jahrhundert ist der wohl makaberste Ort der Stadt, über und über, von den Wänden bis zu den Deckengewölben, ausgeschmückt mit den Knochen von rund 4000 verstorbenen Mönchen. Selbst die Leuchter sind aus Knochen zusammengesetzt.

Viele römische Kirchen sind nicht nur Orte des rechten Glaubens. Die unterirdische Basilica bei der altrömischen Porta Maggiore verfügt über rätselhafte antike Graffiti, die auf die geheimnisvolle Nummernlehre des Pythagoras zurückgehen sollen und von Anhängern römischer Teufelskulte verehrt werden. In der Basilica dei Ss. XII Apostoli wird in einer Ampulle das Blut des Apostels Jakobus des Älteren aufbewahrt. Blut, das nie zu Pulver geworden und nach rund 2000 Jahren noch immer flüssig ist. Die Ampulle wird nicht nur von frommen Katholiken verehrt, so mancher römische Zauberer schwört ebenfalls auf ihre übernatürlichen Kräfte.

Auch die antike Bocca della Verità soll Magisches vollbringen. Die große, runde Steinscheibe steht in der Vorhalle der uralten Kirche Santa Maria in Cosmedin, nicht weit vom Aventinhügel entfernt. Die Platte zeigt ein Monster-Gesicht, das wahrscheinlich das Antlitz eines antiken Gottes darstellen soll. Touristen stehen Schlange, um ihre Hände in den Mund des Gottesgesichts zu legen und sich dabei ablichten zu lassen. Seit dem Mittelalter besteht der Volksglaube, dass das Steinmaul Lügnern, besonders ungetreuen Eheleuten, die Hand abbeißt.

Einer der ungewöhnlichsten magischen Orte Roms liegt auf dem Aventinhügel. Mittelalterlichen Sagen zufolge, die auf den Templerorden zurückgehen, befindet sich unterhalb des heutigen Straßenniveaus des Aventins ein riesiges Schiff, das die frommen Ritter ins Heilige Land bringen sollte. Die Piazza dei Cavalieri di Malta soll das Oberdeck sein. Noch heute, erzählen sich die Mönche des benachbarten Dominikanerklosters, finden sich in manchen Vollmondnächten Römer auf der geheimnisvollen Piazza ein und beschwören Ungeheuer, heldenhafte Ritter und schöne Jungfrauen aus Sagen, die nur Eingeweihten bekannt sein sollen. Fatima von der Piazza Navona kennt sie natürlich alle – aber verrät sie nur denjenigen, die sich darüber nicht lustig machen und für diese Auskunft einige Euro zusätzlich springen lassen. □

**Thomas Migge**, *Korrespondent des* Deutschlandfunk, *lebt seit 1988 in Rom.*

## MERIAN | TIPP Magische Orte

**(K 2) Chiesa del Sacro Cuore del Suffragio**
Lungotevere Prati 12, Tel. 06 686 52 61
**(I 4) Santa Maria dell'Orazione e Morte**
Via Giulia, auf Höhe des Palazzo Farnese
**(M 2) Santa Maria della Concezione**
Via Vittorio Veneto 27, z.Z. Restaurierung
**(L 6) Piazza dei Cavalieri di Malta**
Auf dem Aventinhügel, direkt neben der Villa del Priorato di Malta
**(L 3/4) Basilica dei Ss. XII Apostoli**
Piazza dei Ss. XII Apostoli 51
**(L 5) Bocca della Verità**
S. Maria in Cosmedin, P. Bocca della Verità
**(P 4/5) Basilica di Porta Maggiore**
Via Prenestina 17, Besichtigung nur auf Anfrage bei der Sopraintendenza Archeologica unter Tel. 06 699 01 10 oder 06 69 98 41

MERIAN
Die Lust am Reisen

PREMIUM SHOP

# Angebote für Leser

In unserem Premium Shop bieten wir allen Lesern exklusive Highlights: Seltene MERIAN-Ausgaben aus unserem Archiv und einzigartige MERIAN-Sammlerstücke. Zusätzlich erhalten Sie ab einem Bestellwert von 25,00 Euro das „Best of MERIAN“ gratis dazu! Für Ihre Bestellungen verwenden Sie den Coupon auf Seite 101.

## MERIAN **FAMILY**

WEGWEISEND

### MERIAN pc scout

Planen Sie Ihre Reise am PC. Mit über 50.000 Empfehlungen von MERIAN finden Sie in Deutschland, Österreich, der Schweiz, Norditalien und dem Elsass immer das richtige Reiseziel. Inklusive aktuellen Stadtplänen, Routenplaner, 750 Golfplätzen und ADAC Verkehrsinfos. Preis: 25,95 Euro. **Kennwort: PC SCOUT**

UNENTBEHRLICH

### MERIAN *kompass*

Der praktische Reise-Begleiter für unterwegs und am Ziel. Die drei neuesten Titel dieser praktischen Reihe können Sie hier bestellen. Sie kosten jeweils 6,50 Euro und haben zwischen 96 und 128 Seiten mit ca. 60 Farbfotos. Format: 9,5 x16 cm, Softcover mit Schutzeinband. **Kennwort: MERIAN kompass „Endlich Ferien“, „Olympische Spiele“, „Das neue Europa“**

JUBILÄUMSHEFT

## **Best of** MERIAN

Ein Sammlerstück, das man nicht kaufen kann! Erleben Sie faszinierende Rückblicke in die Geschichte von MERIAN! Opulente Bildstrecken, faszinierende Reisereportagen, kluge und witzige Essays, einfühlsame Stadtporträts und engagierte Sozialfotografie. Blicken Sie hinter die Kulissen: Lesen Sie, wie das MERIAN-Magazin entsteht oder wie sich MERIAN anhand von 654 Titeln im Wandel der Zeit zu Deutschlands großem Reisemagazin entwickelte. Zusätzlich beigelegt ist jedem „Best of MERIAN“ eine detallierte Deutschlandkarte im Posterformat von 52 x 73,5 cm. Ab einem Bestellwert von 25,00 Euro erhalten Sie das „Heft der Hefte“ kostenlos dazu. Für Ihre Bestellung verwenden Sie bitte die Postkarte auf Seite 101.

**Interessante Einblicke für jeden MERIAN-Liebhaber: die Titelparade der letzten 50 Jahre. Dazu ein Blick hinter die Kulissen: wie MERIAN entsteht und wie sich MERIAN verändert hat.**

MERIAN-ABONNEMENT

# Lust auf ein **Abonnement**

Wenn Sie MERIAN abonnieren möchten, erhalten Sie 12 Ausgaben im Jahr für 76,40 Euro (Auslandspreise auf Anfrage) statt 90,00 Euro bei Einzelkauf. Nutzen Sie den Preisvorteil von 15 % und sichern Sie sich Ihr Dankeschön: einen der vier MERIAN *live* Reiseführer. Mit Quickfinder in den Klappen, den Attraktionen jeder Reise auf einen Blick und gewohnt exzellenter MERIAN-Kartografie. Für Ihre Bestellung eines MERIAN-Abonnements verwenden Sie bitte die Postkarte auf Seite 101.

**Unser Dankeschön für Ihr Interesse:**
**Wahlweise die besten Reiseziele Deutschlands, Italiens, Spaniens oder Skandinaviens. Kompakte Reise-Tipps auf über 550 Seiten.**

## MERIAN-**RARITÄTEN**

Weitere MERIAN-**RARITÄTEN** erhalten Sie auf Anfrage unter Telefon **0 40/87 97 35 40**

# **Lust auf MERIAN**-Geschichte

Für Sammler und Geschichtsliebhaber haben wir unser Archiv geöffnet und offerieren Ihnen hier seltene Kulturschätze aus über 50 Jahren MERIAN. Die Archivexemplare bieten wir nur noch in sehr begrenzter Stückzahl und so lange der Vorrat reicht.

**MERIAN ROM**
1957 **100,00 EUR**

**MERIAN BERLIN**
1957 **85,00 EUR**

**MERIAN PRAG**
1961 **69,00 EUR**

**MERIAN BREMEN**
1965 **60,00 EUR**

**MERIAN LONDON**
1967 **60,00 EUR**

**MERIAN FLORENZ**
1969 **58,00 EUR**

**MERIAN TOKIO**
1972 **55,00 EUR**

**MERIAN INNSBRUCK**
1975 **54,00 EUR**

HISTORISCHE SAMMELSCHUBER **MERIAN**-Archiv!

Archivieren Sie Ihre MERIAN-Sammlung stilvoll und sicher in den exklusiven MERIAN-Sammelschubern aus Leder oder Leinen! Jeder Schuber bietet Platz für ca. 12 MERIAN-Ausgaben. Preise: Ausführung Leinen 10,00 Euro, Leder 22,00 Euro. **Kennwort: Schuber Leinen / Schuber Leder**

# MERIAN

Die Lust am Reisen

## PREMIUM SHOP

Viele der Ausgaben von MERIAN sind in begrenzter Stückzahl noch verfügbar! Die jüngst erschienenen MERIAN-Titel (siehe Programm-Auflistung, rechts) kosten 7,50 Euro inkl. Porto und Versand (innerhalb Deutschlands). Bestellen Sie mit der gegenüberliegenden Postkarte oder im Internet unter www.merian.de. Außerdem erhalten Sie das lieferbare Programm von MERIAN in jeder gut sortierten Buchhandlung und solange der Vorrat reicht.

## MERIAN *extra*

Die Reihe MERIAN *extra* widmet sich regelmäßig attraktiven Kultur-, Reise- und Freizeitthemen, die über das konzeptionelle Themenangebot des monographischen Hauptheftes hinausgehen. Dabei werden neue Facetten des jeweiligen Themas abwechslungsreich und unterhaltsam behandelt. Gewohnte MERIAN-Qualität bietet der Serviceteil mit ausführlichen Informationen, zahlreichen Empfehlungen, exklusiven Tipps und detaillierten Karten.

## PROGRAMM

AUSWÄHLEN UND BESTELLEN

# Lieferbare MERIAN-Titel

Ägypten
Amsterdam
Andalusien
Athen
Autostadt in Wolfsburg
Baden-Württemberg
Baltikum
Barcelona
Berlin
Brasilien
Budapest
Burma-Myanmar
Chicago
Chinas Norden
Cote d'Azur
Das neue Ruhrgebiet
Dominikanische Republik
Dresden
Elsass
Ferien in Deutschland
Florida
Frankfurt
Franz. Atlantikküste
Gardasee
Große Ferien
Hamburg
Harz
Indiens Norden
Indiens Süden
Irland
Istanbul
Italien
Japan
Jerusalem
Kalifornien
Kanadas Osten
Kanarische Inseln
Köln
Krakau
Kreta
Kroatien
Kuba
Leipzig
Ligurien
Lissabon
Loire
London
Madrid
Mallorca
Masuren
Marokko
Mauritius
Mecklenburg-Vorpommern
Mexiko
Moskau
MS Europa
München
Neapel / Amalfi-Küste
New York
Oberbayern
Paris
Piemont–Turin
Portugal
Prag
Provence
Rom
Sardinien
Schottland
Schweden
Schweiz
Shanghai
Sizilien
Spaniens Norden
Steiermark
Südafrika
Südengland
Südtirol
Sylt
Thailand
Tirol
Toskana
Umbrien
USA: Die Südstaaten
Wasserreich Niedersachsen
Weimar
Wien

SAMMELSCHUBER

## MERIAN-Archiv!

Archivieren Sie Ihre MERIAN-Ausgaben in dem modernen MERIAN-Sammelschuber aus Acryl! Jeder Schuber bietet Platz für ca. 12 MERIAN-Magazine. Preis: 16,00 Euro.

**Kennwort: Schuber Acryl**

Die Lust am Reisen

# MERIAN

PREMIUM SHOP

WETTERFEST

## WINDBREAKER

Der klassisch blaue Windbreaker trotzt Wind und Wetter, ist aber angenehm leicht und durch den großzügigen Schnitt sehr bequem zu tragen.
Universalgröße: Large
Preis: 39,90 Euro

**Kennwort: Windbreaker**

Bitte freimachen falls Marke zur Hand. Oder bestellen Sie per Fax: **040/27172079**

ANTWORT

**MERIAN**
**Premium Shop**
**Postfach 60 12 20**

**D-22212 Hamburg**

Die Lust am Reisen

# MERIAN

ABONNEMENT

Wenn Sie MERIAN abonnieren möchten, sichern Sie sich Ihr Dankeschön: einen der vier MERIAN *live* Reiseführer. Mit Quickfinder in den Klappen, den Attraktionen jeder Reise auf einen Blick und gewohnt exzellenter MERIAN Kartografie.

Wunschtitel bitte ankeuzen:

- ☐ **Deutschland**
- ☐ **Italien**
- ☐ **Spanien**
- ☐ **Skandinavien**

Bitte freimachen falls Marke zur Hand. Oder senden Sie per Fax an: **040/27172079**

ANTWORT

**MERIAN**
**Leserservice**
**Postfach 60 12 20**

**D-22212 Hamburg**

**Ich möchte bestellen.**
**Bitte liefern Sie die Produkte an folgende Adresse:**

Name / Vorname des Bestellers

Straße / Haus-Nr.

PLZ / Ort

Tel.-Nr. / E-Mail

Datum / Unterschrift ME 09/04

**Rechnung abwarten – bitte keine Vorauszahlung leisten.**
Die Lieferung erfolgt, innerhalb Deutschlands, porto- und versandkostenfrei. Auslandslieferungen auf Anfrage.

☐ **Mit der Zusendung von Informationsmaterial bin ich einverstanden.**

☐ **Ich habe den Bestellwert von 25,– Euro erreicht und erhalte „Best of MERIAN" als Dankeschön dazu.**

**Bitte tragen Sie hier die Kennwörter, Anzahl und Preise ein:**

| Kennwort | Anzahl | Einzelpreis (Euro) | Gesamtpreis (Euro) |
|---|---|---|---|
| | | | |
| | | | |
| | | | |
| | | | |
| | | | |
| | | | |
| | | | |
| | | | |
| | | | |
| | | | |
| | | | |
| | | | |
| | | **Summe** | |

# Ein MERIAN-Abonnement bietet Vorteile:

**1. 15% Preisvorteil**
Sie erhalten 12 Ausgaben zu Vorzugspreis von 76,40 Eur statt 90,00 Euro.

**2. Service**
Sie erhalten jede MERIAN Ausgabe pünktlich frei Haus Porto und Verpackung zahle wir für Sie.

**3. Vertrauensgarantie**
Eine Bestellung wird erst wirksan wenn sie nicht binnen 14 Tage schriftlich beim MERIAN-Lese service, Postfach 60 12 2 22212 Hamburg, widerrufe wird. Zur Wahrung der Fris genügt die rechtzeitige Ab sendung des Widerrufs.

**4. Geld-zurück-Garantie**
Sie können Ihr Abonnemer jederzeit kündigen und erhalte für gezahlte und noch nich gelieferte Hefte natürlich Il Geld zurück.

Die Lust am Reisen

# MERIAN
## GUTSCHEIN

## Lust auf Reisen?

MERIAN präsentiert zwölfmal jährlich ein lebensnahes und facettenreiches Porträt einer Stadt, einer Region oder eines Landes auf höchstem Niveau. Mit dem monatlich erscheinenden Magazin MERIAN erleben Sie einzigartige Bilder und packende Reportagen.

Das ist ein Geschenk für:

______________________________

Die nächsten 12 Ausgaben sind ein Geschenk von:

______________________________

Die Lieferung beginnt, sobald die unten stehende Abo-Postkarte ausgefüllt an den MERIAN Leserservice, Postfach 60 12 20, 22212 Hamburg eingegangen ist.

**Bestellen Sie einfach und bequem per**

MERIAN-Leserservice
Postfach 60 12 20
22212 Hamburg

040 / 87 97 35 40

040 / 27 17 20 79

**www.merian.de**

☐ **Ich abonniere MERIAN für mich selbst.**
☐ **Ich möchte ein MERIAN-Abonnement verschenken.**

Name / Vorname des Beschenkten

Straße / Haus-Nr. / PLZ / Ort

Tel.-Nr. / E-Mail

**Die Rechnung und das umseitig angekreuzte Dankeschön gehen an:** (Adresse bitte unten eintragen). Der Jahres-Abo-Preis für 12 Ausgaben MERIAN beträgt 76,40 Euro frei Haus (innerhalb Deutschlands; Auslandspreise auf Anfrage).

Name / Vorname des Bestellers

Straße / Haus-Nr. / PLZ / Ort

Tel.-Nr. / E-Mail

Gewünschte Zahlungsweise bitte ankreuzen:
☐ **Gegen Rechnung** (Bitte keine Vorauszahlung leisten) ☐ **Bankeinzug** (Bequem und bargeldlos)

Bankleitzahl Kontonummer

Geldinstitut

Datum / 1. Unterschrift

**Vertrauensgarantie:** Die Bestellung wird erst wirksam, wenn sie nicht binnen zwei Wochen schriftlich beim MERIAN-Leserservice, Postfach 60 12 20, 22212 Hamburg, widerrufen wird. Zur Wahrung der Frist genügt die rechtzeitige Absendung des Widerrufs. Dieses Angebot gilt nur in der Bundesrepublik Deutschland und solange der Vorrat reicht. Das Dankeschön darf ich auch bei Widerruf behalten. Die Kenntnisnahme dieser Hinweise bestätige ich durch meine zweite Unterschrift:

Datum / 2. Unterschrift ME Rom 21987 / 21988

**Online geht die Reise los.**

**www.merian.de**
Tausende von Reisezielen, Eventkalender, Reportagen, Tipps & Empfehlungen und weitere exklusive Angebote im MERIAN Premium Shop

Die Lust am Reisen

# MERIAN

DAS MONOGRAPHIE-PROGRAMM 2004

## Ihre Bibliothek des Reisens

Wenn Sie MERIAN jetzt abonnieren, erhalten Sie mit den kommenden 12 Ausgaben die Welt von MERIAN frei Haus. Monat für Monat vervollständigt jedes Heft Ihre Bibliothek der Länder, Regionen und Städte.

MERIAN 09/2004

MERIAN 10/2004

MERIAN 11/2004

MERIAN 12/2004

MERIAN 01/2005

MERIAN 02/2005

MERIAN 03/2005

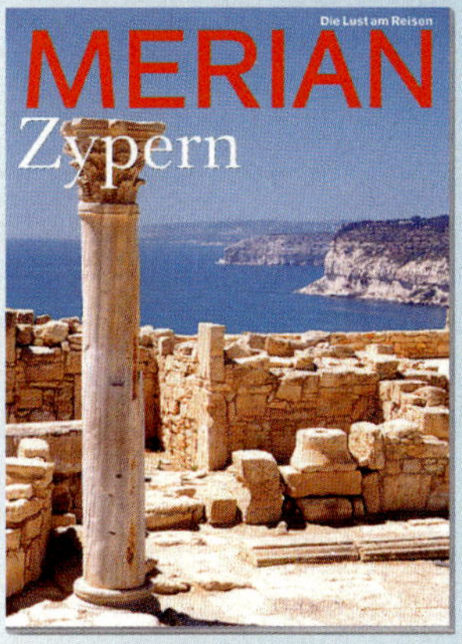


MERIAN 04/2005

MERIAN 05/2005

MERIAN 06/2005

MERIAN 07/2005

MERIAN 08/2005

MERIAN ist das Synonym für Reisen und Kultur auf höchstem Niveau. Wertvolle Tipps und detailgetreue Kartographie erleichtern Ihre Reiseplanung und geben Ihnen neue Ideen und Ziele.

**Seit 55 Jahren: Kein Programm ist so vielseitig und von bleibendem Wert wie MERIAN.**

# Ganz in Weiß: Hochzeit für la Mamma

**Der schönste Tag im Leben ist quälend lang, durchgeplant wie ein Staatsakt und kostet so viel wie ein neuer Sportwagen. Mutter und Schwiegermutter überlassen nichts dem Zufall, denn: Die Heirat der Kinder ist vor allem ein Fest für die Eltern**

**Text: Birgit Schönau**

Vergessen Sie das Brautkleid. Das sind Peanuts. Zwei-, dreitausend Euro, falls es nicht gleich Valentino sein soll oder Renato Balestra, die Top-Designer der Principesse aus dem römischen Kirchenadel. Noblesse oblige, aber weil auch die anderen heiraten, gibt es bei Futura Creazioni schon ein *abito nuziale* für 800 Euro, Wartezeit drei Monate.

Natürlich in Weiß, was haben Sie denn gedacht? Dazu gibt es in Rom keine Alternative, selbst wenn es sich um einen Hosenanzug handelt, wie ihn die Sorelle Ferroni im Schaufenster haben. Hosen! Immerhin mit Perlen bestickt und fast so weit wie ein Rock. „Verkauft sich gut", murmelt das mürrische Faktotum hinter der Ladentheke. Na, den Römern ist nichts mehr heilig, wir haben schon Bräute in vollem Ornat im Stadion gesehen, beim Lokalderby.

Früher musste *la sposa,* die Braut, Perlgrau tragen, wenn – na, Sie wissen schon – wenn schon was unterwegs war. Und Elfenbein für die Witwe, bei ihrem zweiten Mal. Scheidung gab's erst gar nicht, in den guten alten Zeiten vor 1974. Heute tragen alle Weiß. Auch die Progressiven, die Feministinnen und die Kirchenkritischen.

„Ach, das Kleid, *ti prego*, das ist doch das letzte meiner Probleme! Auf keinen Fall Weiß, wir heiraten doch standesamtlich. Nein, ich will das Kleid später noch mal anziehen. Ach, meine Mutter wird sich schon damit abfinden. Irgendwas Ausgefallenes, Fröhliches. Orange vielleicht? Oder Hellblau. Violett wäre auch nicht schlecht. Ist doch MEINE Hochzeit." Ja, ja, nehmt den Mund nur richtig voll. Wir wissen ja, wie es ausgeht: Ganz in Weiß.

Eine richtige römische Hochzeit spielt sich in der Stadt mit den meisten Kirchen der Welt natürlich nicht auf dem Standesamt ab. Obwohl das auch nicht schlecht ist, auf dem Kapitol, dem alten *caput mundi*. Aber selbst die Stadt Rom traut nicht mehr nur im Roten Saal des Konservatorenpalastes, sondern neuerdings auch in Santa Maria in Tempulo, unweit der Caracalla-Thermen. Standesamtlich heiraten, in einer säkularisierten Kirche – das ist Rom. Die Kulisse muss immer stimmen.

Beliebt als Hochzeitskirchen sind die frühchristlichen Basiliken, die, mit Blumenschmuck (mindestens 500 Euro) prächtig ausstaffiert, auf den Erinnerungsfotos (ab 1000 Euro, DVD noch einmal 400 Euro) besonders gut kommen. Santa Sabina, San Giorgio in Velabro, Santa Costanza – wer dort das *sì* hauchen will, muss ein Jahr im Voraus die Messe bestellen. Die Trauung ist natürlich umsonst, aber es wird eine kleine Spende (um 300 Euro) für die Gemeinde erwartet, die etwas größer ausfallen sollte, wenn es sich um eine *chiesa pregiata* handelt, eine besonders prestigereiche Kirche.

Bevor sie am Arm ihres *papà* in die Kirche einzieht, hat die Braut schon einen ordentlichen Marathon hinter sich. Frühmorgens kommt am Hochzeitstag der Frisör ins Haus. „Und glaube bloß nicht, dass sich eine, eine einzige mit kurzen Haaren verheiratet. Es muss die Mähne sein, und wer kein langes Haar hat, lässt es ein Jahr vorher eben wachsen", sagt Gino, der unweit der Via Veneto seinen Salon betreibt und in den Jahren des Dolce Vita die schönsten Bräute Roms frisiert hat. Ihre Fotos vergilben über der Kasse, nur die prominenteste Kundin fehlt: Paola Ruffo di Calabria, heute Königin von Belgien.

In den Hochzeitsmonaten Mai und Juni ist Gino unterwegs. Auf Brautschau. „Dabei wollen die meisten Mädchen überhaupt keine richtige Frisur. Haare offen, ein paar Blumen drin, das war's." Aber der Frisör muss kommen, sonst ist es keine richtige Hochzeit. „Ohne mich fühlen sich die Bräute gar nicht verheiratet." Zuerst besuchen sie ihn zwei-, dreimal im Salon. „Für die Proben." Am D-Day werkelt Gino dann im Mädchenzimmer. Eine Zeremonie, die bei einem Spezialisten um die 400 Euro kosten kann, wobei der Frisör sich neben der handwerklichen Leistung vor allem die Attacke auf seine Nerven bezahlen lässt. „Die Mamma! Immer ist sie dabei, immer mischt sie sich ein."

Die Hochzeit ist die Stunde der Mamma, und sie hat nicht nur bei der

In der Kirche oder auf dem Kapitol, die Kulisse muss stimmen: Brautpaar vor dem Vittoriano

Frisur ein Wörtchen mitzureden: Mamma lädt auch die Gäste ein. Wer die Feier bezahlt, wählt die Hochzeitsgesellschaft aus, so einfach ist das, weswegen zum Bankett weniger die Freunde des Brautpaars erscheinen, als vielmehr der Freundeskreis der Eltern. Glücklich ist, wer vergisst, was doch nicht zu ändern ist. Und sich trotzdem amüsiert. Es geht in diesem familiären Staatsakt nämlich nicht um die Krönung von Zweisamkeit oder anderen, romantischen Schnickschnack, wie man ihn sich im hohen Norden erträumt. Die Hochzeit der Kinder zeigt, wie weit es die Eltern gebracht haben. Das ist seit über 2000 Jahren so, denn auch im alten Rom war die Hochzeit das wichtigste Familienfest. Jawohl, Familienfest. Basta.

Manchmal gibt es zwischen den Familien von Braut und Bräutigam Differenzen. Und dann kann es mächtig rappeln. Teresa Palladino ahnt schon, was auf sie zukommt, wenn eine Braut, gefolgt von beiden Mammas, den Laden betritt. Signora Palladino arbeitet seit Jahrzehnten bei Cusinelli, wo es feinstes Porzellan gibt und wo deshalb ständig um die 150 Hochzeitslisten ausliegen, von Prinz bis Proll.

„Es ist schon passiert, dass eine Hochzeit gar nicht zustande gekommen ist. Wegen der Liste! Die beiden Mammas haben sich derart gestritten, welches Service dabei sein musste und welches nicht, dass sie am Ende persönlich geworden sind." Die Liste wurde gestrichen, die Trauung auch, „wegen unüberwindlicher Differenzen."

Unvorstellbar, besonders wenn man sich Cusinellis Hochzeitstische anschaut. Die sehen nämlich alle gleich aus. Zwei Sorten: Klassisch, mit weißem Meissner Porzellan, schweren Silberleuchtern und Baccarat-Gläsern, entweder gleich von Mamma ausgesucht oder von einem Paar, das genauso leben will wie die Eltern. Oder japanisch. Teresa zuckt die Achseln: „Eckige Teller sind gerade modern, aber wie man daraus Pasta essen will, ist mir ein Rätsel." Drei komplette Services suchen die meisten Hochzeiter bei ihr aus, ein sehr gutes, ein mittleres, eins für alle Tage. „Oft sind es die Männer, die die Kochtöpfe wählen. Weil sie nämlich später kochen. Ob Sie's glauben oder nicht: Die römischen Mädchen können es nicht mehr."

Aber essen, das müssen sie bei ihrer Hochzeit. Wenn es endlich zum *pranzo nuziale*, je nach Geldbeutel, in einen barocken Palazzo geht (ab 200 Euro pro Person) oder auch nur in einen Landgasthof vor den Toren der Stadt (70 Euro), dann wird es ernst. In 98 Prozent aller Fälle folgt eine strengstens durchgeplante Fressorgie, bei denen alle Beteiligten Berge von Pasta mit zu anderen Gelegenheiten gottlob verbotenen Saucen wie Sahne-Lachs oder Cognac-Krabben, fetten Fisch und Braten und die obligatorische, mindestens drei Meter hohe Hochzeitstorte mit Strömen von *vino* hinunterspülen müssen, ohne dabei vom Stuhl zu fallen oder anderswie die Fasson zu verlieren.

Getanzt wird auf Hochzeitsfesten prinzipiell nie, allerhöchstens gibt es Karaoke, und spätestens um Mitternacht ist alles vorbei. Weil dann die Frist für die Saalmiete abläuft. Das Brautpaar, inzwischen in Zivil und von unnatürlicher Frische, verteilt die *confetti*. Das sind Zuckermandeln, die entweder in verzierten Säckchen oder in der *bomboniera*, einem kleinen Nippesbehälter, gereicht werden. Immer in ungerader Zahl, das gebietet der Aberglaube.

Laura Passi ist *confetti*-Designerin. In ihrem Laden stapeln sich Porzellanschalen mit Engelchen-Aufdruck, Aschenbecher im Leopardenlook und Mokkatässchen mit Schmetterlingen. Ein Behälter kostet zwischen 14 und 80 Euro, „bei einer großen Hochzeit", weiß Laura, „geht das ganz schön ins Geld." Die Auswahl ist groß: rustikales Design für eine Hochzeit im Landhaus, eleganter Nippes für eine Feier im Schloss. Oder Behältnisse mit maritimen Details für das Fest am Meer. Aber es wird immer weniger geprotzt, sagt Laura „die meisten wollen nur noch eine originelle Verpackung für die Mandeln". Damit die Gäste etwas nach Hause tragen können: die Erinnerung an einen großen, minutiös organisierten Tag. □

Abends wird die Piazza zur Freiluftbar. In den Gassen um das fast 2000 Jahre alte Pantheon suchen die Römer nach dem Platz für die perfekte cena

Foto: Frieda Blickle

Und das ist erst der Anfang: Antipasti im „Vecchia Roma“

Für Italiener ist das Abendessen eine komplizierte Angelegenheit, ein poetisches Ritual, bei dem Stunden vergehen vom Aperitivo bis zum Dolce. Vier Römer führten MERIAN in ihre Lieblingsrestaurants

# Jeder Gang ein Gedicht

**Text: Thomas Migge**

Wo gehen sie essen, die Römer? In welchem Restaurant können sie sich sicher sein, dass es mindestens so gut schmeckt wie bei *la mamma*? „Eine sehr schwierige Frage, auf die es keine klare Antwort gibt“, meint die römische Anwältin Angela Stani. „Das Angebot ist zwar reichhaltig, aber man muss sich vor Reinfällen in Acht nehmen.“ Hinzu komme, erklärt ihre Freundin Antonella Tarantino, eine Soziologin, „dass Design- und Trendlokale boomen, aber nicht immer gute Küche bieten“. Selbst Traditionslokale würden ihrem Ruf längst nicht mehr immer gerecht.

Wohin also abends? – Erst mal zum *aperitivo*, wo Angela und ihre Freunde Antonella, Franco und Rafaele, alle um die 40, dann mit großer Sorgfalt das Restaurant auswählen – sobald man sich erst mal geeinigt hat, wo der Aperitif genommen wird. Man könnte in das „Antico Caffè della Pace“ in der Via della Pace gehen, nur einen Katzensprung von der lauten Piazza Navona entfernt. Eine beliebte Adresse, immer voll, in der Stars und Sternchen aus- und eingehen. Allerdings nicht gerade entspannend, Angela und ihre Freunde ziehen deshalb den „Chiostro del Bramante“ vor. Das Lokal im ersten Stock eines von Renaissance-Baumeister Bramante errichteten Palazzo, in dem Wechselausstellungen internationaler Kunst gezeigt werden, liegt keinen Steinwurf entfernt und bietet himmlische Ruhe, ideal um mit Blick auf den Innenhof ein Glas Wein oder Sekt zu trinken und kleine Häppchen dazu zu genießen.

Eleganter geht es im „Le Bain“ zu, in der Via delle Botteghe Oscure, der Lieblings-Aperitif-Bar von Antonella: Neobarockes Ambiente in einem Bau aus dem 16. Jahrhundert, Chill-out-Sound und eine große Champagnerauswahl, die man in weichen Sesseln genießt. Rafaele ist das

Das Abendessen als Gesamtkunstwerk: Der Blick vom „Café Picasso" ist schwer zu übertreffen, feinste Kreationen dagegen bieten auch andere. Chefkoch Heinz Beck aus dem „La Pergola" hält bereits frische Zucchiniblüten im Arm

zu chic, er geht vor einer *cena* lieber zu „Marco e Giancarlo" in der Via Monte della Farina. Die kleine *vineria* bietet ausgezeichnete italienische Tropfen und das Publikum kommt aus dem Viertel. Oder man nimmt seinen Aperitif gleich Open Air. Besonders der Campo de' Fiori wird bei gutem Wetter zur riesigen Freiluft-Bar.

Das anschließende Abendessen ist eine hoch komplexe Angelegenheit, bei der es nicht einfach darum geht, gemütlich zusammenzusitzen und sich satt zu essen. Eine *cena alla romana* ist deutlich mehr: ein Gesamtkunstwerk, bei dem jedes Detail stimmen muss. Römer bestellen nicht einfach das Menü A oder B oder C. Sie fragen nach, woraus sich ein Gericht zusammensetzt, welche Zutaten benutzt werden, woher sie kommen, wie die Garzeiten sind. Sie wollen sicher sein, dass die im Geschmack kräftigen Pachino-Tomaten auch tatsächlich im sizilianischen Pachino gepflückt wurden, und es interessiert sie, aus welcher Region das Olivenöl stammt, mit dem ihr Salat beträufelt wird. „Wir hassen Fast Food!", sagt Antonella im Brustton der Überzeugung und wirft in jedem Restaurant immer einen kritischen Blick in die Küche.

Wird die Bestellung dann endlich serviert, betrachten Römer das gastronomische Werk kritisch, kosten vorsichtig, rufen den Kellner, sobald irgendetwas nicht ihren Vorstellungen entspricht und sprechen das Zauberwort „*vuoi favorire?*" – „willst du probieren?" Alle wollen, und so werden die Teller herum gereicht, bevor sich jeder schließlich dem eigenen Gericht widmet.

Echte Römer sind mit guter Küche vertraut, fast alle haben zu Hause eine Mutter, die ihnen von klein auf beigebracht hat, nur das beste Essen zu schätzen: mit frischen Zutaten, ohne die Kapriolen der Haute Cuisine, dennoch von raffinierter Einfachheit.

Angelas Lieblingslokal ist das „Checchino dal 1887" im angesagten Viertel Testaccio. Zwar sind die Kellner nicht gerade freundlich, dafür die echt römischen Gerichte delikat. Wie die *rigatoni con la pajata*, dicke Röhrennudeln mit einem Ragout aus den Därmen junger Milchkälber. Deftig und nicht jedermanns Sache, aber unglaublich lecker!

Eleganter geht es im „Café Picasso" auf dem Dach des „Hotel Raphael" bei der Piazza Navona zu, Antonellas bevorzugtem Restaurant. Der Chef bietet klassisch italienische Gerichte. Das Safranrisotto mit Böhnchen und Artischocken ist ein Gedicht und von der Terrasse bietet sich ein herrlicher Blick auf die zum Greifen nahen Dächer und Kuppeln Roms, der die nicht gerade bescheidenen Preise rechtfertigt.

Erst einige Monate alt ist das „Crudo", Francos Lieblingsadresse in der Via degli Specchi. In schickem Ambiente unter alten Balkendecken serviert Chef Massimo Terzulli einen gewagten Mix aus thailändischer und italienischer Küche.

Wenn Angela und ihre Freunde draußen auf der Piazza di Campitelli sitzen können, fällt ihre Wahl für die *cena* auf das „Vecchia Roma", nur einen Katzensprung vom Kapitolshügel entfernt. Angela ist felsenfest davon überzeugt, dass die *saltimbocca alla romana*, die dünnen und kurz gebratenen Kalbsschnitzel mit Parmaschinken und Salbei hier besser schmecken als bei ihrer eigenen Mutter. Das würde sie ihr allerdings niemals sagen.

Nach dem Essen stellt sich die nächste große Frage des Abends. „*Chi paga?*" – „wer zahlt?"

Römer wären nicht Römer, wenn um diese Entscheidung keine langen Diskussionen entstehen würden. Rafaele versucht sich immer als erster zur *cassa* durchzuschlagen, Angela will ihm den Weg abschneiden, von hinten tönt lauter Protest. Am Ende hat Franco schon auf dem Weg zur Toilette gezahlt und alle Freunde eingeladen.

Das „Ich zahl"-Ritual ist eine der amüsantesten Szenen, die Römer in Lokalen bieten. Ausländer, die Italiener davon überzeugen wollen, dass doch jeder nur das zahlen solle, was er auch verzehrt habe, werden mit fürchterlichen Blicken gewürdigt – so als ob sie etwas Anzügliches gesagt hätten. *Ma per carità*! Um Himmels willen! □

**ADRESSEN**

(K 3) **Antico Caffè della Pace**
Via della Pace 3/7, Tel. 066 86 12 16
kein Ruhetag

(K 3) **Chiostro del Bramante** Via Arco d. Pace 5, Tel. 06 68 80 90 98, Mo geschl.

(L 4) **Le Bain**
Via delle Botteghe Oscure 32a
Tel. 06686 56 73, So geschl.

(K 4) **Marco e Giancarlo**
Via Monte della Farina 38
Tel. 0668 80 69 89, So geschl.

(K 7) **Checchino dal 1887**
Via di Monte Testaccio 30,
Tel. 065 74 63 18, www.checchino-dal-1887.com, So/Mo geschl.

(K 3) **Café Picasso**
Hotel Raphael, Largo Febo 2
Tel. 06 68 28 31, Mo/Di geschl.

(K 4) **Crudo** Via degli Specchi 6
Tel. 066 83 89 89, www.crudoroma.it
kein Ruhetag

(L 5) **Vecchia Roma** Piazza di Campitelli 18, Tel. 066 86 46 04, www.ristorantevecchiaroma.com, Mi geschl.

(G 1) **La Pergola** Via A. Cadlolo 101
im Hotel Hilton, Tel. 06 35 09 20 55
So/Mo geschl. (s. Kasten S. 126)

>> weitere Adressen siehe ab Seite 128

# Espresso gibt's hier nicht

## Römischer Leitfaden für Kaffeesüchtige

In Rom gibt es keinen **Espresso**. Häh? Doch, richtig gehört. Bestellen Sie mal an der Piazza Bologna im besten Ausländer-Italienisch *„un espresso, per favore!"* und Sie ernten einen leicht verwirrten Blick von Vincenzo, dem Mann hinter der Theke. Oder ein nachsichtiges Lächeln, falls der *barista* schon mal in Rimini gekellnert hat und die deutschen Gepflogenheiten kennt (bis hin zum Magen erdrückenden **Cappuccino** nach einem Vier-Gänge-Menü. Den trinken Italiener nämlich nur morgens). Wenn dagegen Stammgast Vittorio mit seinen ölverschmierten Mechanikerpranken auf einen Sprung reinkommt und *„un caffè!"* ruft, hat er sein kleines Tässchen mit einer dampfenden Brühe, so schwarz und dickflüssig wie Motoröl nach 50 000 Stadtkilometern, vor sich stehen, noch ehe das aufkommende Lokalderby zwischen dem AS Rom und Lazio auch nur andiskutiert ist. Einen Espresso comme il faut. Nur, dass er hier eben nicht so heißt, sondern einfach **Caffè**. Kaffee ist im Römischen kein übergreifender Gattungsname sondern punktgenau der schwarze Sud pur. Und stark. *Un caffè è un caffè è un caffè.*

Wer etwas anderes will, hängt seiner Bestellung ein Attribut an: *un caffè americano,* kurz **Americano,** das ist die mit viel Wasser auf globale schwarze Lorke gestreckte Variation, aber den verlangt sowieso niemand. Man bietet ihn nur an, weil Italien in der EU ist und daher auf Ausländer gewisse Rücksichten nimmt. Oder einen **Macchiato,** da gibt der *barista* dann ein paar Spritzer Milch dazu. Beim **Corretto,** dem korrigierten, sprich verbesserten Espresso, ist das Extra ein Schuss Hochprozentiges – meist Grappa oder Cognac. In welchem Ausmaß der Mann hinter der Theke das Basismodell korrigiert, hängt von seiner Sympathie für den Gast ab (ungemein günstig ist etwa, wenn beide *tifosi* des gleichen Fußball-Clubs sind.) Wenn etwa die blaue Schürze von Domenico, dem beliebten grauhaarigen Schuster, um die Ecke naht, trimmt Vincenzo den Caffè automatisch hochprozentig. Übrigens, nicht zu verwechseln ist der **Caffè macchiato** mit dem **Latte macchiato,** einem Frauentrunk, wie echte Vorstadt-Römer meinen, denn da herrscht die Milch im Glas vor und der Kaffee ist nur ein bitterer Aromabringer.

Die Milch im Glas bringt uns zur Art des Gefäßes, das den Kaffee perfekt umhüllt. Über diese Frage herrscht eine Art Glaubenskrieg: Porzellan oder Glas. Die Mehrheit der Römer ist für das traditionelle Porzellantässchen. Doch eine qualifizierte Minderheit schwört darauf, dass des Kaffees Duft und Geschmack nur im Glas mit seiner transparenten Reinheit voll erblüht. Sie bestellt den **Caffè al vetro.** Kein *barista* würde sich diesem Wunsch verweigern, auch wenn er schwer zu begründen ist. Das haben Dogmen eben so an sich.

In einem gibt es zwischen Porzellan-Katholiken und Glas-Protestanten absolut keinen Dissens: Espresso im Plastikbecher, *che schifo*! Wie ekelhaft! Krudes Heidentum in der Welt der Kaffee-Gläubigen. Vielleicht dann mit diesem Plastik-Cup auch noch aus dem Lokal rennen und ihn auf der Straße oder im Auto schlürfen, wie es die Amerikaner tun. Mein Gott, wie weit ist es mit der Welt gekommen! *„Non c'è più religione, dottore!"*, seufzt da Vincenzo, mein *barista* über sieben Jahre, es gibt keinen Anstand mehr in dieser Welt! Und korrigiert meinen Corretto mit einem doppelten Schuss Grappa. Schließlich sind wir beide Lazio-Fans.

**Teja Fiedler** *war von 1987-94* Stern-*Korrespondent in Rom.*

Verbessert durch einen Schuss Grappa: der italienische Caffè corretto

Genug des Pflastertretens, keine Lust mehr auf Warteschlangen und drängelnde Massen? Dann nichts wie raus in die Natur: MERIAN zeigt die Höhepunkte rund um Rom. Entdecken Sie die Villen von Tivoli, die Küste von Sperlonga oder die Etruskergräber von Cerveteri. Ganz in Ruhe und fast allein

Foto: Simone Giovanni

**Als sein privates Paradies ließ sich Kardinal Ippolito II. die Villa d'Este in Tivoli bauen. Der Garten mit dem Ovato-Brunnen bezaubert durch Wasserspiele und botanischen Reichtum**

# Aufatmen im Grünen

Texte: Swantje Strieder, Peter Mayer

1 Der Flussgott Acheloos muss in Tivoli mit einem Platz am Kanal vorlieb nehmen, der auf den Serapis-Tempel der Villa Adriana zuführt. Als Vorbild diente dem bärtigen Hadrian 2 die Wasserstraße, die Alexandria mit dem ägyptischen Nobelort Kanopus verband. Wer in des Kaisers Gästehaus logierte, schritt über feines Mosaik 3. Die Idee für die Jungfrauen mit Kopflast 4 brachte der reisefreudige Kaiser aus Athen mit

# Tivoli
## Villa Adriana
## Villa d'Este

Kaiser Hadrian, spanischer Herkunft, 76 geboren, gestorben 138, hielt sich am liebsten fern der Metropole auf. Jahrelang erkundete er die entlegensten Winkel seines Weltreiches, und war er doch mal zu Hause, dann residierte er nicht in Rom, sondern bei Tivoli, fünf Wegstunden von der Hauptstadt entfernt. Die Bauwerke, die ihn auf seinen Reisen durchs Römische Reich beeindruckten, ließ er sich dort nachbauen. Seine **Villa Adriana** wurde zum Kosmos der Künste, zum Brennpunkt antiken Geistes und zum Tempel sublimer Lust, zu dessen Gottheit der Kaiser den Jüngling Antinoos erhob.

Begegnet war Hadrian dem damals etwa Zwölfjährigen in Kleinasien und verliebte sich spontan in ihn. Antinoos wurde sein ständiger Begleiter, er war das Supermodel der Antike, kaum ein Sterblicher hat mehr Künstler inspiriert. Es traf Hadrian tief, als sein schöner Freund unter mysteriösen Umständen den Tod im Nil fand. Zum Gedenken an ihn ließ der Kaiser Miniaturen vieler Landschaften und Gebäude bauen, die er einst mit Antinoos zusammen bereist hatte. Philosophensaal nennen die Archäologen das nordöstlich anschließende Rechteck mit Apsis. In die Villa dell'Isola, von einem Wasserring und Säulen umgeben, zog sich Hadrian zurück, nur durch eine Zugbrücke mit dem Rest des Anwesens verbunden.

Südlich vom Saal der Philosophen liegt das Heliocaminus, ein Schwitzbad im Sand, den die Sonne aufheizte. Vorbei an weiteren Bädern führt der Weg zum Kanopus, einem von Statuen gesäumten Kanal. Die mehr als 100 Meter lange Wasserstraße wie auch der Serapis-Tempel sind Reminiszenz an Ägypten.

Fast 1500 Jahre nach Kaiser Hadrian erfüllte sich ein Kardinal seinen Traum in Tivoli: Ippolito II. d'Este, Enkel von Papst Alexander VI., schuf mit der **Villa d'Este** ein grandioses Kunstwerk. Im Garten zischen Fontänen nach fantasievoller Choreografie in die Höhe, über Abgründe fallen nasse Schleier, in denen sich zuweilen Regenbogen verfangen, und in den Brunnen plätschert es sanft. Mit dem Zaubergarten seiner Villa schuf der Kardinal sein eigenes Paradies.

**TIVOLI: 30 km nordöstlich von Rom. Anfahrt: Von Stazione Termini mit der Metro B Richtung Rebibbia bis Ponte Mammolo, weiter mit dem COTRAL-Bus nach Tivoli. VILLA ADRIANA: im Sommer 9-19 Uhr, im Winter 9-17 Uhr; VILLA D'ESTE: im Sommer 8.30-19, im Winter 8.30-17 Uhr, Mo geschl. Eintritt je 6,50 € (Sonderausstellungen: 9 €)**

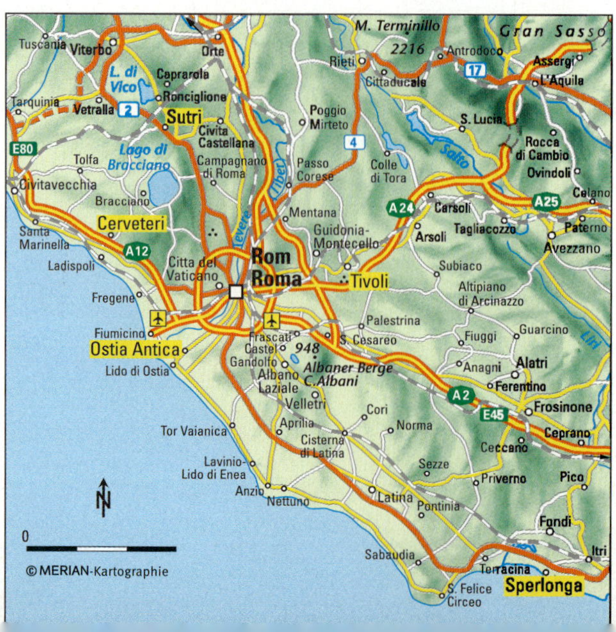

Nackt, aber mit Helm und Schild, steht der Zeussohn Ares in einem Säulenbogen, der den Kanal der Villa Adriana säumt

Die Torre Truglia, einst Vorposten gegen Sarazenen- und Türkenüberfälle, bewacht noch heute die Buchten von Sperlonga

1 Wo schon Kaiser Tiberius Urlaub machte: Sperlongas Fischerhafen besticht ebenso wie der Blick von oben 2 auf den über dem Wasser thronenden Badeort. In den Felsen seiner Sommervilla ließ der Kaiser eine Grotte schneiden, die heute Museum ist. Eines der Exponate: 3 eine Büste Odysseus'

## Sperlonga

Vom Meer sieht Sperlonga, hoch oben auf dem Felssporn gelegen, wie ein Piratennest aus. Tatsächlich stammt der Name des Ortes vom gleichen Wort wie die Spelunke, die verruchte Kneipe: von *spelunca*, Lateinisch für Höhle. Allerdings war Sperlonga bereits in der Antike ein kaiserliches Beach Resort. „Spelunca" wurde die Sommervilla von Kaiser Tiberius genannt. Größte Attraktion des Anwesens war nämlich eine riesige, in den Felsen geschnittene Grotte. Beim Plätschern heiliger Brunnen erholte sich der Imperator von Kriegs- und Amtsgeschäften, erging sich in seinem unterirdischen Aqua-Park und tafelte mit seinen Gästen im schwimmenden Speisesaal.

Azurblau ist das Meer vor Sperlonga, wohl weil der kleine Badeort in gesundem Abstand zu den Abwässern der Millionenstädte Rom (120 km) und Neapel (100 km) liegt. Sperlongas Lage ist ein Glücksfall: Abgeschottet zwischen mit Ginster bewachsenen Felswänden und dem Mittelmeer wurde das Örtchen niemals zum Rimini. Mag sich die römische Schickeria am nahe gelegenen Monte Circeo auf die Füße treten. Mögen sich im benachbarten Terracina sonnenverbrannte Touristen am Strand stapeln, Sperlonga bleibt salopp auf seinem Felsen und sieht die Jahre gemächlich vorüberziehen. Zwischen weiß gewaschenen Häusern und griechisch anmutenden Bogengängen sitzt man auf wackeligen Stühlen auf kleinen Plätzen und schlürft, mit sich und der Welt in Einklang, seinen Aperitivo. Drei lange weiße feinkörnige Strände, ein Dutzend Familienpensionen und Hotels, eine Hand voll Discos am Meer, das reicht den Sperlonga-Habitués. Jedes Jahr flanieren sie wieder am selben Strand entlang, mieten beim Bademeister Massimo den blauen Schirm mit passend blauem Liegegestühl, während draußen im Meer die Isola di Ponza romantisch im Dunst versinkt.

**SPERLONGA: 120 km südöstlich von Rom. Anfahrt: mit dem Zug ca. jede Stunde von Roma Termini (Richtung Neapel) bis Fondi (biglietto integrato 9,90 €), weiter per Bus oder Taxi nach Sperlonga (11 km). Fahrzeit insgesamt ca. 2 Std. Mit dem Auto: Via Pontina N 148.**
**MUSEO NAZIONALE ARCHEOLOGICO mit der „Grotta di Tiberio", Via Flacca km 16, tgl. 8.30 bis 19.30 Uhr, Eintritt 2 €**

## Cerveteri

Als Rom noch ein unbedeutendes Dorf war, galt die Etruskerstadt Caere als das blühendste Gemeinwesen im Mittelmeerraum. Im 5. und 6. Jh v. Chr. beherrschten die im Zwölferbund zusammengeschlossenen Etruskerstädte Italien, im 4. Jh. begann ihr Abstieg, der Roms Aufstieg war. Die meisten Zeugnisse der Hochkultur, Bronzen, Skulpturen und Grabbeigaben, finden sich im Etruskermuseum in der Villa Giulia in Rom, in den Vatikanischen Museen und im Museo Nazionale Cerite vor Ort. Doch ein Spaziergang – im Sommer gibt es einen Shuttle-Bus – zu den stimmungsvollen Nekropolen lohnt allemal. Das imposanteste Grab ist die Necropoli della Banditaccia, das schönste die Tomba dei Rilievi, das Reliefgrab mit seinen Stuckdekorationen (tgl. 8.30 bis 19.30, im Winter bis 16 Uhr, Eintritt 4 Euro).
**CERVETERI: 44 km nordwestlich von Rom. Anfahrt: Autobahn A12 oder SS1 Via Aurelia. Mit dem Zug: von Termini nach Ladispoli (Richtung Grosseto), dort COTRAL-Bus nach Cerveteri, zu Fuß bis zu den Gräbern**

Etruskische Nekropolen: Rundbauten mit flacher Kuppel

1 Die Anfänge des Kultur-Sponsoring: Handelsvertretungen warben mit Mosaiken und förderten dafür Kunst und Theater
2 Liebe vor der Haustür: Amor küsst Psyche vor römischer Villa
3 Antike Speicher: Ostia war Umschlagplatz für Korn und Wein, die in Amphoren lagerten
4 Schutzgöttin des Tanzes und Chorgesangs: Maske der Muse Terpsichore im alten Amphitheater

## Ostia Antica

Nur wenige Kilometer vom Rummel im Strandbad Ostia entfernt liegt die stille Ruinenstadt Ostia Antica, die einmal als Roms „Tor zur Welt" galt. *Ostium* heißt auf Lateinisch Mündung, doch heute liegt der antike Hafen- und Militärstützpunkt verlandet da, der Tiber fließt hunderte Meter entfernt. In der frühen Kaiserzeit war Ostia eine blühende Hafenstadt mit 100 000 Einwohnern. Die Herrscher von Rom investierten fleißig in den Umschlagplatz. Kaiser Caligula stiftete die Wasserleitung, Claudius gab ein weiteres Hafenbecken in Auftrag, und ausgerechnet Nero, der Rom 64 n. Chr. eigenhändig in Brand gesteckt haben soll, baute die Caserma dei Vigili, die Polizei- und Feuerwache nahe der Porta Romana aus.

Ein Spaziergang unter Pinien über die 2000 Jahre alten Pflastersteine der Hauptstraße Decumanus Maximus ist wie eine Zeitreise. Besucher flanieren vorbei an den antiken Ladenzeilen und den *insulae,* mehrstöckigen Wohnhäusern, am Forum mit seinen Tempeln und Thermen, an Schenken und Absteigen, an den Reedereien und ihren *horrea,* den Speicherhäusern, in denen einst kostbare Güter lagerten.

Neben der *Osteria di Fortunato*, der Taverne des Fortunato, liegt das bestens erhaltene Theater aus dem Jahre 12 v. Chr. Ovids Medea wurde hier aufgeführt, ein Stück, das verloren ging. Die antiken Sponsoren der schönen Künste haben sich gleich hinter dem Theater auf der Piazzale delle Corporazioni, dem Forum der Zünfte, verewigt. 64 Handelsvertretungen haben ihre „Firmenlogos" in Form von Mosaiken mit Nixen und Neptunen, Delfinen und Drachen eingelegt und finanzierten als Gegenleistung für diese Werbung das kulturelle Leben, Theater und Tempel der Hafenstadt.

**OSTIA ANTICA: 28 km südlich von Rom. Anfahrt: über die Autostrada 201 oder die Via del Mare. Mit der S-Bahn ab Stazione Ostiense (bei Metro B Piramide). Scavi di Ostia Antica: Di-So 8.30-18 Uhr, Eintritt 4 €**

## Sutri

Madonna del Parto: Kirche im etruskischen Grab

Wer etruskische, römische und frühchristliche Kultur ohne Rummel und Eintrittskarte bewundern möchte, fährt am besten ins mittelalterliche Städtchen Sutri, nördlich von Rom an der Via Cassia gelegen. Die Etrusker-Gräber (6. bis 4. Jh. v. Chr.) sind wie das römische Amphitheater in einen Tuffsteinhügel gehauen. Höhepunkt ist die Felsenkirche Madonna del Parto, eine ehemalige etruskische Grabanlage mit einem Christophorus-Fresko aus dem 14. Jh. (9-18 Uhr, Einlass zur vollen Stunde, Eintritt frei). □

**SUTRI: 50 km nördlich von Rom. Anfahrt: per Bus ca. alle 30 Min. von der U-Bahn-Haltestelle Saxa Rubra der Linie Roma Nord**

Ein Pflaster für die Ewigkeit: Die 2000 Jahre alte Straße Decumanus Maximus führt durch die Ruinenstadt Ostia Antica

## MERIAN-Top Ten

1. **Sixtinische Kapelle**
Michelangelos Schöpfungsgeschichte und das Jüngste Gericht erstrahlen seit der Restaurierung in den neunziger Jahren in hellen, klaren Farben.
2. **Centrale Montemartini**
Athenes Marmorkörper kommt vor schwarzen Dieselmotoren im alten E-Werk besonders beeindruckend zur Geltung.
3. **Fontana di Trevi**
Roms schönste barocke Wasserorgel wurde in Fellinis „Dolce Vita" verewigt.
4. **Palazzo Massimo**
Märchenhafte Fresken schmücken den Speisesaal der Kaiserin Livia.
5. **Pantheon**
Ein klassischer Zylinder mit einer Kuppel drauf, so einfach und genial ist die Konstruktion des Pantheons.
6. **Piazza Navona**
Die barocke Piazza mit Berninis Vier-Ströme-Brunnen ist die beliebteste Flaniermeile der Römer.
7. **Spanische Treppe**
Treffpunkt der Jugend, auch wenn Picknicken, Kiffen und Singen verboten ist.
9. **Via Condotti**
Die Showmeile der Schneider- und Lederzunft, an der sich auch das Caffè Greco befindet.
10. **Villa u. Galleria Borghese**
Große grüne Oase mit dem Lustschlösschen und der Gemäldegalerie Borghese. Neuste Attraktion: mit dem Fesselballon 150 Meter hoch über Rom schweben.

# Wo die Pracht Alltag ist

**Die Königinmutter der Metropolen geht unbekümmert mit ihren unzähligen Kunstschätzen um**

Rom, Hauptstadt Italiens und Sitz des Stellvertreters Christi samt seinem Vatikanstaat – was für ein einmaliges Gebilde unter den Metropolen! Selbst ein Genius wie Goethe war so von „Kirch' und Palast, Ruinen und Säulen" überwältigt, dass es dem großen Dichter, für einen Moment allerdings nur, die Sprache verschlug. Kein Wunder – Roms Schätze sind so unübersehbar wie unüberschaubar, schließlich hat die Stadt auf den sieben Hügeln in ihrer 2757-jährigen Geschichte so viele Vasen, Scherben, Fresken angehäuft, dass noch kein Computerprogramm dies katalogisieren konnte. Aber juckt das die *romani*, die ganz normalen Römer im Alltag? Sie gehen mit all der Pracht und Herrlichkeit eher lässig um, bilden sie doch die Kulisse für ihr Lebensgefühl, das *fare bella figura*. Wie der schwer verliebte Schüler Stefano, der sich als Schauplatz für den ersten Kuss seiner Flamme das Kolosseum auserkoren hatte. In einer Mondnacht stieg er mit der Freundin über das martialische Gitter auf die Tribünen. Seine *mamma* hätte nie etwas davon erfahren, wenn ihr nicht Jahre später ein saftiger Strafzettel wegen Vandalismus ins Haus geflattert wäre.
Kaum eine Kapitale hat so viele dekorative Plätze, vom Petersplatz übers Kapitol bis zum Campo de' Fiori. Die Spanische Treppe ist ein Magnet für Einheimische wie für die Besucher aus aller Welt. Rom zelebriert sich selbst. Was schert's einen Römer, wenn Mailänder mit ihrem Reichtum protzen, wenn norditalienische Kleinstädte wie Parma oder Verona die Liste der Lebensqualität anführen und Venedig doppelt so viele Touristen wie Rom anzieht! „Wollt ihr wissen, was der Römer über den Rest der Welt denkt?", fragt die spitzzüngige Schriftstellerin Barbara Alberti. – „*Niente*. Nichts. Ist für ihn nicht existent."
Rom, heißt es, sei für die Ewigkeit gebaut. Leider nicht wahr. Jahrzehntelang vernachlässigten korrupte Politiker die Stadt; Smog, Müll, Schwarzbauerei und Verfall forderten ihren Tribut. Erst 1993, nach den großen Schmiergeldskandalen, erwachte die Kapitale mit dem grünen Bürgermeister Francesco Rutelli aus dem selbstzerstörerischen Koma. Endlich wehte ein frischer Wind durch die verstaubten Museen. Vom Moses-Brunnen bis zur Galleria Borghese, an der die Restauratoren 13 Jahre herumgedoktert hatten, vom Forum Romanum bis zu Neros Domus Aurea wurde poliert und renoviert. Zum Heiligen Jahr 2000 war der überfällige Hausputz geschafft, seither leuchtet Rom. Das heißt nicht, dass die Stadt mit ihren 2,8 Millionen Einwohnern nicht unter den modernen Plagen aller Metropolen leidet. Rom hat eine Sonderkommission zur Lösung der ewigen Staus eingerichtet. Trotzdem stehen die Polizisten mit Tropenhelm auf der Piazza Venezia hilflos im Autogewühl. Mit Atemmaske. *Nihil tibi, Roma*, nichts ist dir gleich, nicht mal im Stau.

*Autorin des Service-Magazins: Eva Kallinger*

Hoch zu Ross: Ein Restaurator arbeitet an der Quadriga auf dem Denkmal für Viktor Emanuel II.

## AUSKUNFT

### Touristen-Information

Aktuelle Informationen über Veranstaltungen und Öffnungszeiten von Museen gibt es an folgenden Info-Kiosken:
- Stazione Termini, Gleis 4
- Flughafen Fiumicino, Term. C
- Engelsburg (Piazza Pia)
- Forum Romanum
- Piazza dei Cinquecento
- Piazza Navona
- Piazza San Giovanni in Laterano
- Trastevere (Piazza Sonnino)
- Trevi-Brunnen (Via Minghetti)
- Via del Corso (Largo Goldoni)
- Via Nazionale

*tgl. 9.30-19.30 Uhr*

### Telefonische Tourismus-Auskunft der Stadt

**Tel. 06 36 00 43 99**
*tgl. 9-19 Uhr*
**Tel. 06 06 06**
Auskunft auf Deutsch und Englisch *Mo-Sa 16-19 Uhr*

### ENIT

Vorab-Informationen in Deutschland über das Staatliche Italienische Fremdenverkehrsamt *Mo-Sa 9-17 Uhr*
**10117 Berlin, Friedrichstr. 187**
Tel. (030) 2478398
**60329 Frankfurt, Kaiserstr. 65**
Tel. (069) 25 91 26
80336 München, Lenbachpl. 2
Tel. (089) 53 13 17
1010 Wien, Kärntnerring 4
Tel.(01) 505 16 39
8001 Zürich, Uraniastr. 32
Tel. (01) 434 66 40 40
www.enit.it

### Info-Telefon

Tel. 06 36 00 43 99
Deutsch: Taste 5, Englisch: 2
*tgl. 9-19 Uhr*

### Information Vatikan

Deutsches Pilgerzentrum
Via della Conciliazione 51
Tel. 066 89 71 97, 066 89 71 98
www.pilgerzentrum.de
*Mo-Fr 8.30-17.30, Di bis 18.30, Sa 8.30-12.30 Uhr*

## ANREISE

### Mit dem Auto

Das Centro Storico, Roms historisches Zentrum, ist für Autos ohne Genehmigung gesperrt. Wenn Ihr Hotel in der Sperrzone liegt, dürfen Sie allerdings vorfahren. Danach stellen Sie Ihr Auto am besten in einer Garage ab und rühren es bis zur Abreise nicht mehr an. Falls Ihr Wagen abgeschleppt wird, informiert man Sie unter **Tel. 066 76 91.** Parkhäuser: an der Villa Borghese, Via del Galoppatoio 33 und in der Via Ludovisi 60.

### Mit dem Zug

Die meisten Züge fahren bis zur Stazione Termini, dem Hauptbahnhof, Autoreisezüge und einige Züge in Richtung Süden halten an der Stazione Tiburtina (z. Z. Bauarbeiten). Vorsicht vor den illegalen *tassisti*, Taxifahrern, die sich am Ausgang aufdrängen und unverschämt teuer sind. *Zugauskunft, Tickets, Reservie: Call-Center* **Tel. 89 20 21** *(ohne Vorwahl),* **www.treniatalia.it**

### Mit dem Flugzeug

Der Flughafen „Leonardo da Vinci" in Fiumicino liegt ca. 30 km westlich von Rom. Halbstündlich geht ein direkter Zug zur Stazione Termini, erste Fahrt um 6.37, letzte Fahrt 23.37 Uhr, von Termini Richtung Flughafen halbstündlich von 5.52 bis 22.52 Uhr. Ticket 9,50 €. Im 15-Minutentakt verkehren die Lokalzüge (u. a. Stazione Trastevere) vom Flughafen, Ticket 4,70 €. Die Taxifahrt ins Zentrum kostet ca. 50 €. Die

## INFO | INHALT

## INFO | LEGENDE

Alle Adressen im Info-Magazin sind MERIAN-Empfehlungen. Preiskategorien Hotels: € DZ unter 50 €, €€ DZ 50-100 €, €€€ DZ über 100 €, €€€€ DZ über 200 €. Preiskategorien Restaurants (für ein Hauptgericht): € bis 10 €, €€ 10-15 €, €€€ 16-25 €.

Die Planquadrate mit großen Lettern (A 3) beziehen sich auf die MERIAN-Karte (S.141-143). Einen Metro-Plan, Stadt-Informationen und eine Reihe ausgesuchter Sehenswürdigkeiten finden Sie auf der Rückseite des Faltplans. Alle Angaben in dieser Ausgabe Stand Juli 2004.

## Stadtdaten

**Fläche** 1290 km²
**Einwohnerdichte** 719 Einwohner pro km², 13 m² Grün pro Kopf und 615 kg Müll pro Einwohner und Jahr.
**Einwohner** 2 802 500. Als Rom 1871 Hauptstadt wurde, zählte die Stadt nur 200 000 Menschen, zu Beginn des Zweiten Weltkriegs 1939 1,3 Mio. In Rom sind offiziell 186 481 Ausländer gemeldet.
**Geografie** Die Hauptstadt liegt im südlichen Teil Mittelitaliens, wie die meisten Metropolen der Antike florierte sie, weil sie per Schiff (über den Tiber) erreichbar war, der rund 30 km westlich von Rom ins Tyrrhenische Meer mündet.
**Wirtschaft** Rom erwirtschaftet mit 75 Mrd. € 6,5 Prozent des italienischen Bruttosozialprodukts, 57 Prozent der 15- bis 64-Jährigen sind erwerbstätig, davon arbeiten 42 Prozent im Dienstleistungsbereich, 27 Prozent in der öffentlichen Verwaltung. Die Arbeitslosenquote liegt bei 7,9 Prozent (2003), das Brutto-Pro-Kopf-Einkommen bei 29 400 €. Eine Eigentumswohnung in guter Lage kostet ca. 4000 € pro m².

## MERIAN | TIPP

Mit **www.merian.de,** dem online-Reiseportal von MERIAN, Rom entdecken und zu 5000 weiteren attraktiven Zielen detaillierte Informationen aus der MERIAN-Familie abrufen. Mit vielen Extras und Plänen zum Downloaden.

meisten Charter- und Billigflüge landen auf dem Flughafen Ciampino. Shuttle-Busse fahren alle 15 Minuten zur Metro-Station Anagnina. Mit der Linea A oder mit dem Vorortzug von Stazione Ciampino nach Termini. Taxi ca. 35 €.

## VERANSTALTUNGS-HINWEISE

Die römischen Tageszeitungen *La Repubblica* und *Il Messaggero* bringen täglich Rom-Infos über Ausstellungen und Konzerte. Beliebt ist die Donnerstags-Beilage der *Repubblica* „Trovaroma“ mit dem englischen Teil „The best in Rome“. Infos im Netz unter:
**www.romaturismo.it**
**www.abcroma.com**
**www.travel.it**
Kartenbestellung über
**www.selectitaly.com**

## AKTUELLE INFORMATIONEN

### Notrufe
Carabinieri **Tel. 112**
Notruf **Tel. 113**
Ärztlicher Notdienst **Tel. 118**
Pannenhilfe **Tel. 116**
24-Stunden-Apotheke: Farmacia Internazionale Piazza Barberini 49

### Fundbüro
Via Nicolò Bettoni 1
**Tel. 065 81 60 40**
*Mo-Fr 8.30-16 Uhr*

### Konsulate/Botschaften
**Deutschland**
Via San Martino Battaglia 4
Mo-Fr 9-12 Uhr, Sa u. So telefonischer Notdienst
**Tel. 06 49 21 31**
**Österreich**
Viale Liegi 32
**Tel. 068 55 28 80**
**Schweiz**
Via B. Oriani 61
**Tel. 06 80 95 71**

### Telefon
Landesvorwahl Italien 00 39, die Rom-Vorwahl 06 muss auch bei Ortsgesprächen gewählt werden, Handynummern haben in Italien keine Null vor der Vorwahl. Telefonkarten für öffentliche Telefone gibt es in Tabakläden oder an Zeitungskiosken. Mit den 5 €-Karten „Eurocity“ oder „Europa“ kann man zwei Stunden mit Deutschland,

## DATEN | WETTER

| Rom | Jan. | Feb. | März | Apr. | Mai | Juni | Juli | Aug. | Sept. | Okt. | Nov. | Dez. |
|---|---|---|---|---|---|---|---|---|---|---|---|---|
| Tagestemperaturen in °C | 11 | 13 | 16 | 19 | 23 | 28 | 31 | 31 | 27 | 21 | 16 | 12 |
| Nachttemperaturen in °C | 4 | 5 | 7 | 10 | 13 | 17 | 20 | 20 | 17 | 13 | 9 | 5 |
| Sonnenstunden/ pro Tag | 4 | 5 | 6 | 7 | 9 | 9 | 11 | 10 | 8 | 7 | 4 | 3 |
| Regentage/ pro Monat | 8 | 9 | 8 | 8 | 7 | 4 | 2 | 2 | 5 | 8 | 10 | 10 |

Die angenehmsten Reisezeiten für Rom sind die Übergangsmonate März bis Juni und September bis November. Im Juli und August ziehen die römischen Familien aufs Land, ans Meer oder in die Berge. Dann wird die Stadt tagsüber zum Backofen, aber abends entschädigt das Sommerfestival Estate Romana mit Konzerten und Theater auf den Plätzen. Wer im Winter kommt, erlebt die Stadt ohne Touristentrubel und kann mittags oft draußen seinen Cappuccino trinken.

Österreich oder der Schweiz telefonieren. An öffentlichen *„Qui Arte“*-Telefonen in der Nähe von Sehenswürdigkeiten können Sie Kunst-Informationen abrufen: Taste *„Infotutto“* drücken, *„Qui Arte“* wählen und *„Avanti“* drücken.

### Internet
**Easyinternet**
Größtes Internet-Café mit 250 Computern.
**Via Barberini 2**
**www.easyinternetcafe.it**
*tgl. 24 Stunden geöffnet*

### Post
Italiens Post ist als langsam verschrien, aber seit Januar 2004 läuft alles europaweit als *posta prioritaria*, Schnellpost. Karten und Briefe bis zu 20 Gramm kosten 0,62 €. Öffnungszeiten der Postämter: *Mo-Fr 8.30-14, Sa bis 13 Uhr*

### Feiertage/Feste
1. Jan., 6. Jan.: Dreikönig, Ostersonntag u. -montag, 25. Apr.: Befreiung vom Faschismus, 1. Mai: Tag der Arbeit, 2. Juni: Fest der Republik, 29. Juni: Peter und Paul, 15. Aug.: Ferragosto, Mariä Himmelfahrt, 1. Nov.: Allerheiligen, 8. Dez.: Mariä Empfängnis, 25./26. Dez.: Weihnachten

## IN ROM UNTERWEGS

### Sightseeing im Stadtbus
Bus-Linie 110 verschafft im „hop on and off“-Verfahren einen guten Überblick. Abfahrt und Tickets: Termini, Piazza Cinquecento (Bahnhofsvorplatz) *April-Sept. 8.30-20.15 Uhr, Okt.-März 9.30-18 Uhr im 15-Minuten-Takt, Ticket 13 €* Haltestellen: Kolosseum, Bocca della Verità, Piazza Venezia, Petersdom, Piazza Cavour, Via del Tritone, Via Veneto.
**www.trambus.com/servizituristici.htm**

### U-Bahn, S-Bahn, Bus
Tickets kosten 1 € (75 Minuten gültig), Tageskarte 4 €, Drei-Tages-Karte 11 €
Tickets auch an Kiosken und in Tabakläden erhältlich.
Infos unter **www.atac.roma.it.**
Übersichtskarte für Bus und Bahn: Roma Metro-Bus, 5,50 €. Von der Stazione Piramide (Metro B) fährt die S-Bahn alle 15 Min. nach Ostia.

### Archeobus
Öffentliche Busse pendeln zwischen der Piazza Venezia und der Via Appia Antica tgl. von 10-17 Uhr, Ticket 7,75 €.

### Praktische Kleinbusse
Bus 115: Trastevere-Gianicolo
Bus 116: Villa Borghese bis Campo de' Fiori
Bus 117: Piazza del Popolo bis Lateransbasilika

### Trolley-Tour
Blaue Sightseeing-Busse verkehren zwischen Via Veneto/Via Ludovisi, Termini, Piazza Venezia, Kolosseum, Vatikan, Piazza Navona und Villa Borghese, Ticket im Bus: 18 €, 24,50 €

inkl. Eintritt Kapitolinische Museen, 24 € mit Galleria Borghese, 23 € mit Bio-Park. Zu- und Aussteigen erlaubt.

### Stadtrundfahrten und Ausflüge
**Appian Line**
Ausflüge z. B. nach Tivoli für 47 €
**Piazza del Esquilino 6**
**Tel. 06 48 78 61**
*Mo-Sa 8.30-20.15 Uhr*

### Tour auf dem Tiber
Bootsfahrt unter den Brücken von der Tiberinsel, an der Engelsburg vorbei bis zum Foro Italico, dem Sportzentrum Roms für 1 €. Eine einstündige Fahrt mit Führung kostet 10 €, mit Abendessen an Bord 43 €. Nur bei normalem Wasserstand.
**Tel. 066 78 93 61**
**www.battellidiroma.it**
*tgl. 8-19.25 Uhr, Abfahrt vor der Tiberinsel; von der Ponte Marconi starten die Boote nach Ostia Antica.*

### Taxi
Überall gibt es Taxistände, aber nie genug Taxis, wenn man gerade eins braucht. Tarif 1 gilt innerhalb der Stadt und kostet 0,78 € pro Kilometer, Tarif 2 für Fahrten etwa zum Flughafen über den Autobahnring *Gran Raccordo Annulare* hinaus 1,29 € pro km. Die Anfahrt kostet 2,33 €, an Sonn- und Feiertagen 3,36 €.
**Radiotaxi über**
**Tel. 06 35 70, 06 49 94, 06 66 45**

## AUTO-, FAHRRAD- UND MOFAVERLEIH

### Fahrräder
**Fahrradverleih Collalti**
Via del Pellegrino 82
*Mo geschl.*
Weiterer Verleih am Eingang des Parks der Villa Borghese.

### Mofas
**Scooters for Rent**
Mopeds kosten 50 € pro Tag, ein Motorrad 250 gibt's für 200 € pro Tag.
**Via della Purificazione 84**
**Tel. 064 88 54 85**
**www.rentscooter.it**
*kein Ruhetag*

**Eco Move Rent**
Mofas für 9 € die Stunde oder für 37 € pro Tag; einen Helikopter können Sie für 2500 € pro Stunde zum Flug über Rom oder Umgebung bis etwa Frascati mieten, Flüge über Rom in achtsitzigen Maschinen kosten ca. 80 € für 30 Minuten.
**Via Varese 52**
**Tel. 06 44 70 45 18**
**www.ecomoverent.com**
*tgl. 9.30-19.30 Uhr*

### Autovermietung
von Deutschland über:
**www.hertz.com**
**www.avis.com**
**www.e-sixt.com**
**Chauffeur mit Limousine:**
Fahrer Andrea Amore spricht Deutsch, vierstündige Stadtrundfahrt ca. 208 €, Fahrt vom Flughafen Fiumicino ins Zentrum ab 60 €.
**Tel. 33 88 88 85 50, 32 83 33 20 22, 32 07 01 29 37**
**www.taxi-limoservice-amore.com**

### Taschendiebe
Vorsicht in voll gedrängten Bussen! Besonders in Bus 64 mischen sich gewiefte Diebe unter die Touristen!

## BÜCHER

### Eine italienische Familie
**Franca Magnani, Kiepenheuer u. Witsch, 1990, 19,90 €.** Biografie der beliebten römischen Fernsehkorrespondentin.

**Im Schatten des Palazzo Farnese** **Fred Vargas, Aufbau Taschenbuch, 2003, 8,50 €.** Ein italienischer Bischof, drei Pariser Studenten und eine Femme fatale, dazu ein Mordfall mit antikem Gift.

**Das Inkognito Goethes ganz andere Existenz in Rom** **Roberto Zapperi, dtv, 2002, 19,90 €.** „Eines der schönsten Goethe-Bücher"schrieb die *Berliner Zeitung*. Der Dichterfürst als glücklicher Privatmann in der Via del Corso 18.

**Rom** **MERIAN *live,* Travel House Media, 2004, 7,95 €, Aktuelle Insider-Tipps und viele** nützliche Informationen in Kurzform und Pocketformat.

### Deutsche Buchhandlung Herder
Chefin Bettina Bolli und ihre Mitarbeiter haben einen guten Überblick über Klassiker und die neueste deutsche und internationale Rom-Literatur.
**Piazza Montecitorio 117-120**
**www.herder.it**
*tgl. 9.30-13.30, 15-19.30 Uhr im Winter Mo vormittags, im Sommer Sa nachmittags geschl.*

## MERIAN | TIPP

### Kolosseum
„Dem verkommenen Haufen der Nachfahren des Romulus liegen nur mehr Brot und Spiele lüstern am Herzen", schimpfte der Dichter Juvenal über die Exzesse im Amphitheater. Eingeweiht wurde die berüchtigte „Schüssel" durch Titus im Jahr 80 n. Chr. mit 100 Festival-Tagen. Jagdspiele in idyllisch mit Bäumen und Sträuchern ausgestatteter Kulisse und Kämpfe von Raubtieren eröffneten am Morgen das Massenvergnügen. Ab Mittag regierte das Grauen: Wilde Tiere vollstreckten das Todesurteil an Räubern, Mördern, Christen, „damnatio ad bestias" hieß die brutale Hinrichtung. Highlight der Spiele war der dritte Akt, wenn Gladiatoren aufeinander losgingen oder mit Raubkatzen und Bären um die Gunst der Zuschauer kämpften. Der Nervenkitzel erhöhte das Gefühl der Macht über Leben und Tod. Denn heftiges Gegröle der Menge rettete so manchen unterlegenen Kämpfer, weil es zuweilen den Kaiser bewog, Gnade walten zu lassen. Die Toten wurden mit Brandeisen markiert und aus der Arena geschleift.

**(N 5) Piazza del Colosseo**
*tgl. Nov.-15. Feb. 9-16.30, bis 15. März 9-17, bis 31. März u. Okt. 9-17.30, Apr. u. Sept. 9-19, Mai-31. Aug. 9-19.30, 25.12., 1.1. geschl. Eintritt 8 € (erm. 4 €), Ticket auch gültig für Palatin*

Wo Gladiatoren kämpften, kicken heute Kinder vor der antiken Arena

## ANTIKES ROM

Die **Archeologia Card** für Kolosseum, Palatin, Caracalla-Thermen, Palazzo Altemps, Palazzo Massimo, Crypta Balbi, Thermenmuseum, Tomba der Cecilia Metella und Villa dei Quintili kostet 20 € (10 € für Studenten von 18-25 Jahren und Lehrer mit Ausweis) und ist 7 Tage gültig.
Die **Special Museum Card** (9 €, ermäßigt 4,50 €) gilt für die vier Häuser des Nationalen Archäologischen Museums, also Palazzo Altemps, Palazzo Massimo, Crypta Balbi und das Thermenmuseum.
Besucher aus EU-Staaten unter 18 und über 65 Jahren haben in vielen Museen freien Eintritt.

### (N 7) Caracalla-Thermen
In der luxuriösen, etwa 11 ha großen Wellness-Anlage der Antike tummelten sich bis zu 1600 Menschen zwischen Warm- und Kaltwasserbecken, in den Sporthallen und Bibliotheken, bei Kosmetik und Massage. Der Philosoph Seneca, der in der Nähe wohnte, beklagte die Geräuschkulisse der Thermen. Mosaiken, Marmorstatuen und Fresken schmückten die Räume, intime Ecken luden ein zu Klatsch über Kaiser und Kurtisanen. Eröffnet wurden die Thermen 216 n. Chr.
**Via delle Terme di Caracalla**
**Bus 628** *Mo 9-14, Di-So Nov.-15. Feb. 9-16.30, bis 15. März 9-17, bis 31. März u. Okt. 9-17.30, Apr. u. Sept. 9-19 Uhr, Mai-31. Aug. 9-19.30 Uhr Eintritt 5 € (erm. 2,50 €)*

### (L/M 6) Circus Maximus
Der etruskische König Tarquinius Prisco soll im 7. Jh. v. Chr. die erste Wagenrennbahn im Tal zwischen Palatin und Aventin angelegt haben. Von den gewaltigen Bauten rund um die fast 600 Meter lange Arena des Circus Maximus mit Tribünen für bis zu 375 000 Zuschauer sind nur noch Reste der Südostkurve erhalten. Der Turm im Süden stammt aus dem Mittelalter.
**Via del Circo Massimo**

### (N 5) Domus Aurea
Größenwahn kommt vor dem Fall. Kaiser Nero wollte die spektakulärste Residenz besitzen, ließ seinen neuen Palazzo nach dem Brand von Rom (64 n. Chr.) mit Tonnen von Gold, Edelsteinen und fabelhaften Fresken schmücken. Nach seinem Tod verhängte dann Rom die *damnatio memoria* über den Verstorbenen: Die Erinnerung an den exzentrischen Herrscher sollte komplett ausgelöscht werden. Erhalten blieb der beeindruckende Speisesaal des „Goldenen Hauses". Er hatte früher eine bewegbare Elfenbeindecke, von der beim ausgiebigen Gastmahl Blumen auf die Gäste gestreut wurden.
**Viale della Domus Aurea im Park Colle Oppio (neben Kolosseum), Bus 117, 175**
*Vorbestellung nötig über Tel. 06/39 96 77 00, Mi-Mo 9-19.45 Uhr, Eintritt 5 € (erm. 2,50 €) plus 1,50 € für Reservierung*

### (I 2/3) Engelsburg
Als Grab ließ Kaiser Hadrian (76-138 n. Chr.) drei Jahre vor seinem Tod das Gebäude nach dem Vorbild etruskischer Grabstätten für seine Familie errichten. Zur „Engelsburg" wurde das Mausoleum im 6. Jh., weil der Erzengel Michael dort das Ende einer Pest verkündet haben soll. Die Burg gewährte seit dem 9. Jh. den Päpsten Zuflucht – und später durch einen geheimen Wehrgang so manchem Pontifex den diskreten Ausflug zu seiner Geliebten, die sich in den Gemächern des Castel Sant'Angelo aufhielt. Heute werden wechselnde Ausstellungen gezeigt.
**Lungotevere di Castello**
**Bus 23, 40, Tel. 06/39 96 76 00**
*Di-So 9-20 Uhr, Mo geschl. Kartenbestellung möglich Eintritt 5 € (ermäßigt 2,50 €)*

### (M 5) Forum Romanum und Palatin
Im Regierungs- und Geschäftsviertel des alten Rom tagte der Senat, hier brachte man Göttern Opfer, tätigte Börsengeschäfte und zog vor Gericht. Kam der Kaiser nach siegreicher Schlacht zurück nach Rom, verlief die feierliche Prozession mit dem Beutegut über die Heilige Straße hinauf zum Kapitol. Das Wohnviertel der höchsten Staatsträger dagegen lag auf dem Palatin. Dort befinden sich auch Spuren einer Hütte aus dem 8. Jh. v. Chr., die als Domizil des sagenhaften Rom-Gründers Romulus verehrt wurde, ebenso das Haus der Livia, der ersten Kaiserin Roms und Gattin des Augustus. Dahinter sind Ruinen von Tempeln und des Kaiserpalastes von Tiberius zu sehen.
Die Farnesischen Gärten mit barocken Pavillons, Terrassen und Treppen ließ Kardinal Alessandro Farnese anlegen.
**Forum Romanum, Largo Romolo e Remo,** *Eintritt frei* **Palatin Eingang Via di San Gregorio 30**
*Sammelkarte mit Kolosseum 8 € (ermäßigt 4 €) tgl. Nov.-15. Feb. 9-16.30 Uhr, bis 15. März 9-17 Uhr bis 31. März u. Okt. 9-17.30 Uhr, Apr. u. Sept. 9-19 Mai-31. Aug. 9-19.30 Uhr*

Geschenk an den Papst: Bonifatius IV. ließ den Rundtempel des Pantheon zur Marienkirche weihen

(M 4) **Foren der Kaiser**
Nachdem die Stadt die verhassten etruskischen Könige verjagt hatte, war Personenkult auf öffentlichen Plätzen ein paar Jahrhunderte tabu. Mit Caesar, dem Diktator, begann de facto die Kaiserzeit, und er war der erste, der sich zwischen 54 und 46 v. Chr. auf einem eigenen Forum zelebrierte. Ein Reiterstandbild Caesars stand zwischen Prunkbauten, eine goldene Statue seiner Geliebten Kleopatra vor dem Venus-Tempel. Reste des Caesar-Forums liegen am Rande des Forum Romanum und unter der heutigen Via dei Fori Imperiali. Nach Caesar ließen Kaiser sogar Teile des Quirinalshügels zur Erweiterung der Foren abtragen. In der Via Quattro Novembre liegt der Eingang zum prächtigsten Kaiserforum, das Trajan Anfang des 2. Jhs. errichten ließ. Erhalten sind die mächtigen Mauern der Marktanlage und Teile des Verwaltungsgebäudes.
**Trajansforum, Via Quattro Novembre** *Di-So 9 Uhr bis eine Stunde vor Sonnenuntergang, Mo geschl.*

Pharaonengrab für römischen Beamten: die Cestius-Pyramide

(L 7) **Obelisken und Pyramide**
Die Römer lernten und kopierten fleißig von Griechen und Ägyptern. 13 Obelisken schmücken noch heute die Stadt. Als das antike Rom verfiel, lagen auch die wertvollen Steinnadeln irgendwo unter den Trümmern. Als aber die architektonische Renaissance im 15. Jh. die Stadt erfasste, wurden die Souvenirs der alten Römer auf die bedeutendsten Plätzen vor Kirchen und Paläste gesetzt. Das Faible für ägyptische Kultur veranlasste im 1. Jh. v. Chr. Prätor Caio Cestio zum Bau eines „Pharaonengrabes“ in Rom. Die Cestio-Pyramide wurde zu seinem Mausoleum.
**Piazza Ostiense, Bus 30, 60, 95, 175, Tram 3**
*Besichtigung nach Anmeldung Tel. 06/39 96 77 00*

(K 3) **Pantheon**
Dass dieser wunderbare Rundtempel mit der architektonischen Meisterleistung seiner Kuppel erhalten blieb, verdankt Rom dem wenig bekannten oströmischen Kaiser Phokas. Er verschenkte den Bau an Papst Bonifatius IV., der das heidnische Heiligtum zur Marienkirche weihte und Altäre anstelle der goldenen Götterstatuen in die Nischen setzen ließ. Die Rotunde ist auch Grabstätte: Italienische Könige und der Malermaestro Raffael sind hier begraben. Der Bau wurde im 1. Jh. v. Chr. errichtet und nach einem Brand ca. 150 Jahre später wieder aufgebaut. Die Kuppel war in der Renaissance Vorbild für berühmte Kirchen.
**Piazza della Rotonda**
*Eintritt frei, Mo-Sa 8.30-19.30, So 9-18 Uhr, feiertags 9-13 Uhr*

**Siegessäulen**
Zwei antike Säulen verherrlichten wie Bilderbücher die Triumphe römischer Kaiser. Vor dem Regierungspalast an der Piazza Colonna **(L 3)** erinnern die Reliefbänder um die Marc-Aurel-Säule an die Feldzüge gegen Quaden und Markomannen im heutigen Böhmen und gegen die Sarmaten (2. Jh.). Ins 200 Meter lange Relief an der Trajanssäule sind Kriegserlebnisse des Kaisers Trajan gegen die Daker (101-106 n. Chr.) gemeißelt. Im 16. Jh. setzten die Päpste die Wahrzeichen des christlichen Rom auf die Monumente: Den Apostel Paulus auf die Säule des Marc Aurel, Petrus auf die 40 Meter hohe Trajanssäule links vom Kapitol an der Via dei Fori Imperiali. **(M 4)**

(N 7) **Stadtmauern**
Der erste Befestigungsring entstand im 4. Jh. v. Chr. zum Schutz gegen die Gallier. Reste dieser Servianischen Mauer stehen neben dem Hauptbahnhof und in der Passage darunter. Kaiser Aurelian (270-275) begann den Bau der letzten Stadtmauern. Von den 18 Stadttoren der 19 Kilometer langen und fast vier Meter

## Rom modern

„Rom bietet sämtliche Gräuel und den schlechten Geschmack der römischen Renaissance“, dozierte Le Corbusier 1922. Für einen Architekten der Avantgarde war die Hinwendung zur Tradition offenbar ein unverzeihlicher Fauxpas. Bis vor kurzem floss vom Millionentopf das meiste in Konservierung und neue Ausgrabungen antiker Schätze, für die Moderne blieb nur Kleingeld. Erst in den letzten zehn Jahren gibt sich Rom an manchen Ecken ein futuristisches Bild. Etwa bei der

**(L 1) Galleria Nazionale d'Arte Moderna e Contemporanea**
Die älteste und bislang größte Sammlung moderner und zeitgenössischer Kunst mit wenigen Werken ausländischer Maler fand ihr Heim noch in einem Altbau und kann sich nicht mit modernen Kunstsammlungen anderer europäischer Städte messen. Für Interessierte dennoch zu empfehlen.
**Viale d. Belle Arti 131, Tram 30**
*Di-So 8.30-19.30 Uhr, 6,50 €*

**(O 1) Macro**
Die ehemalige Bierbrauerei aus dem Jahr 1912 zeigt Kunstwerke aus der zweiten Hälfte des 20. Jh. und organisiert auch Ausstellungen zeitgenössischer Kunst.
**Via Reggio Emilia 54, Bus 60**
*Di-Sa 9-19, So 9-14 Uhr Mo geschl., Eintritt 5,20 €*
**www.macro.roma.museum**

## SITE-SEEING
**TEXT: PETER GLASER**

# Von Kaisern und Cafés

### Per Mausklick das antike und das moderne Rom zugleich entdecken

„Wer nicht gelebt hat, weiss nichts von Liebe, und hätte er tausend Liebeslieder gelesen; wer nicht in Rom war, hat keine Vorstellung von Rom", schrieb Ida Gräfin Hahn-Hahn 1840 aus der Ewigen Stadt. Heute hilft uns das Internet, diesem Mangel abzuhelfen. Als Einstiegspunkt sehr zu empfehlen: der Überblick in der freien Enzyklopädie Wikipedia **de.wikipedia.org/wiki/rom**). Wer tiefer in die Geschichte eintauchen möchte, kann die römischen Provinzen im Netz durchstreifen, etwa **www.romanum.de** (natürlich auch mit einem Forum) oder **www.romaantiqua.de** (unter anderem mit virtuellen Rundgängen). Eine opulente Sammlung zum klassischen Rom, wie auch ausführliche Informationen für den heutigen Reisenden sind unter der Adresse **www.kirke.hu-berlin.de/ressourc/roma.html** zu finden. Appetit für die Anreise machen Fotos und Texte, etwa unter **www.die reise.de/reiseberichte** (als Suchbegriff eingeben „italien rom") oder **www.pervan.de/reiseberichte** (erst „Italien" auswählen, dann „Rom"). Hält es einen endlich nicht länger im nichtrömischen Teil der Welt, lässt sich auch die Anreiseplanung bequem online ausführen. Zahlreiche Sites bieten Hotel-Übersichten und Buchungsmöglichkeiten, etwa **www.venere.com/it/roma** (mit einer großem Übernachtungsdatenbank) oder **www.romeby.com**, wo man auch Auskunft über Flüge, Miet-Vespas und Veranstaltungshinweise erhält. Unter **www.sleepingrome.com** kann man sich nach einem Apartment umsehen, nach einer Ferienwohnung in Rom und Umgebung unter **www.romabed.de** oder **www.romehome.de.** Wissenswertes für den Rom-Reisenden gibt es auch unter **www.timeout.com/rome** (Essen & Trinken, City-Links), **www.best-of-italy.com/boi/rom.html** (Sehenswürdigkeiten, Veranstaltungen) oder **www.commune.roma.it** (der offiziellen Site der Stadt Rom). Der Vatikan verfügt natürlich über eine eigene Website **(www.vatican.va),** auf der man unter anderem zu einem Besuch im Vatikanischen Geheimarchiv und einer detaillierten Führung durch die Sixtinische Kapelle eingeladen wird. (Eine nicht virtuelle Sightseeing-Empfehlung ist übrigens eine Fahrt mit der Strassenbahnlinie 19 ab Vatikan). Spaziergänge lassen sich mit einem interaktiven Stadtplan (**www.hot-maps.de** – unter „Karten nach Ort" Rom auswählen) gut navigieren. Inspirationen für Streifzüge kann man sich auch auf der Seite **(www.forum-rom.de)** verschaffen. Wer das richtige Wort sucht, dem hilft das italienisch-deutsche Wörterbuch unter **dictionaries.travlang.com/ItalienGerman** weiter.

**Virtuell zu planen: Geldabgabe an der Fontana di Trevi**

dicken Anlage sind einige bestens erhalten. Bei der Porta San Sebastiano – Ausfahrt zur Via Appia – befindet sich das Museum der Mauern.
**Via di Porta San Sebastiano 18**
**Bus 118, 218**
*Di-Sa 9-19, So 9-17 Uhr*
*Mo geschl., 2,60 €*

## KIRCHEN

**(G 3) Petersdom**
**siehe S. 52, 75**

**(K 3) Sant'Agostino**
Drei Kostbarkeiten zeichnen diese Kirche aus: der „Prophet Jesaja" von Raffael (1512) am dritten Pfeiler des Mittelschiffs, die „Madonna der Pilger" von Caravaggio (1603-05) in der ersten Kapelle des linken Seitenschiffs und eine besonders schöne Fassade der Frührenaissance von Giacomo Pietrasanta (1479-83), für die Steine aus dem Kolosseum verwendet wurden.
**Piazza S. Agostino**
*tgl. 7.45-12, 16-19.30 Uhr*

**(O 5) San Clemente**
Dreistöckiges Bauwerk. Im unterirdischen Mithräum sind Reste einer Opferstätte für den Lichtgott Mithras zu sehen, dessen Kult Soldaten nach der Rückkehr aus Asien verbreiteten. Ein Relief zeigt den Gott Mithras, der den Urstier tötet. Hund und Schlange lecken das Blut, ein Skorpion beißt dem Stier in die Hoden, daraus entstehen die Samen der Welt. Die Fresken der zweiten Etage, der Unterkirche, zeigen Szenen aus dem Leben des vierten Papstes, Klemens (88-97). Die prächtigen Mosaike in der oberen Kirche aus dem 12. Jh. haben den „Triumph des Kreuzes" zum Thema und zeigen Christus über den Städten Bethlehem und Jerusalem.
**Via di San Giovanni in Laterano**
**Bus 117, 85**
*Mo-Sa 9-12.30, 15-18, So und Feiertag 10-12.30, 15-18 Uhr für Unterkirche 3 €*

**(M 5) Ss. Cosma e Damiano**
Berühmt ist das Apsismosaik aus dem 6. Jh., das die Ärztebrüder und Märtyrer Kosmas und Damiano sowie die Apostel Petrus und Paulus zeigt. Damals wurde die Kirche in die Mauern eines Tempels am Forum Romanum eingefügt.
**Via dei Fori Imperiali 1**
*tgl. 9-13, 15-19 Uhr*

**(P 5) Santa Croce in Gerusalemme**
Die in einer Kapelle aufbewahrten Holzsplitter vom Christuskreuz und Fragmente der Inschrift, die Kaiser Konstantins Mutter Helena im 4. Jh. aus Jerusalem gebracht haben soll, gehören zu den am meisten verehrten Reliquien der Stadt.
**Piazza S. Croce in Gerusalemme, Bus 117**
*tgl. 7-19 Uhr*

**(P 6) San Giovanni in Laterano**
Kaiser Konstantin legte angeblich persönlich den Grundstein der Kirche, nachdem er 313 die Religion der Christen zum Kult des Kaiserreichs deklariert hatte. 904-911 wurde sie nach einem Erdbeben neu aufgebaut. 1644-1655 durfte Francesco Borromini die Hauptkathedrale Roms nach seinem Geschmack erneuern, wenn auch mit der Auflage, dass das Apsismosaik (13 Jh.), der Kreuzgang mit der kostbaren Cosmatenkunst (13. Jh.) und die vergoldete Decke (15. Jh.) erhalten bleiben mussten. Über dem Hauptaltar werden die Schädel der Apostel Petrus und Paulus aufbewahrt. Im angrenzenden Lateranpalast residierten die Päpste bis 1377, danach zogen sie in den Vatikan. Neben der Kirche liegt die Scala Santa, die Christus in Jerusalem beschritten haben soll. Jetzt führt sie in die frühere Privatkapelle der Päpste mit wertvollen Fresken aus

**Einst die Hauptkathedrale Roms: Sa**

dem 13. Jh. An der Apsisseite der Kirche liegt das Baptisterium San Giovanni, die älteste und schönste Taufkirche Roms, geschmückt mit Fresken aus dem Leben von Johannes dem Täufer.
**Piazza San Giovanni in Laterano**
**Bus 117, 81, 85, Metro A**
*tgl. 7-19 Uhr*
*Baptisterium und Scala Santa 9-12, 15.30-18 Uhr*

### (K 3) San Luigi dei Francesi

Die kleine französische Nationalkirche neben dem Senat gehört zum Pflichtprogramm für Caravaggio-Liebhaber. Drei Gemälde des Meisters von Licht und Schatten (1573-1610) hängen in der Contarelli-Kapelle im linken Seitenschiff. Zur Zeit ihrer Fertigstellung galten sie als skandalös wegen der respektlosen realistischen Darstellung der Heiligen.
**Piazza de S. Luigi dei Francesi 5**
*tgl 8.30-12.30*
*Fr-Mi 15.30-19 Uhr*

### (N 4) San Pietro in Vincoli

Michelangelos monumentales Moses-Grabdenkmal für Papst Julius II. ist seit 1999 restauriert. Die Kirche mit Bildern von Domenichino und Guercino sowie einem byzantinischen Mosaik birgt eine bedeutende Reliquie: Gemäß Überlieferung liegen hier die Ketten des gefangenen Apostels Petrus.
**Piazza San Pietro in Vincoli**
**Bus 75, 117**
*tgl. 7.30-12.30, 15.30-19 Uhr*

### (N 2/3) Sta. Maria degli Angeli

Die alten Römer genossen

ovanni in Laterano

Marmorkörper vor Generatoren: Museo Centrale Montemartini

Badefreuden in den Diokletian-Thermen, in deren schwere Gewölbe Michelangelo ein Gotteshaus für Papst Pius IV. integrierte. Eigentlich war der Pontifex über Kreuz mit dem Maestro aus Florenz, fand aber das Projekt so faszinierend, dass er es absegnete. Die Vorhalle mit den Granitsäulen wurde 1749 von Vanvitelli gestaltet.
**Piazza della Repubblica**
**Bus 40, 54, 70,** *tgl. 7-18.30 Uhr*

### (I/K 3) Santa Maria dell'Anima

Der letzte nichtitalienische Papst vor Johannes Paul II. liegt in der deutschen Nationalkirche begraben, die im 16. Jh. ans deutsche Pilgerzentrum angegliedert wurde. Hadrian VI. (1522-1523) kam aus Utrecht und war Erzieher von Karl V.
**Via della Pace 20**
*tgl. 7.30-13, 14-19.30 Uhr*

### (L 5) Santa Maria in Cosmedin

Ihr berühmtestes Stück ist eine 1,75 Meter große Fratze aus dem antiken Rom, bei der die Kaufleute Ehrlichkeit gelobten. Noch heute gilt die „Bocca della Verità", der Mund der Wahrheit, als eine Art Lügendetektor. Sehenswert ist auch der schöne Cosmatenfußboden aus geometrisch gelegten Mosaiksteinen. Der Glockenturm stammt aus dem 12. Jh., der erste Kirchenbau aus dem 6. Jh.
**Piazza d. Bocca della Verità 18**
**Bus 160, 628** *tgl. 9-19 Uhr*

### (L 3/4) Santa Maria sopra Minerva

Ihre „neue" Renaissancefassade bekam die gotische Kirche 1483. Michelangelos marmorner „Christus mit dem Kreuz" (1519-21) gefällt den Römern viel besser als der weltberühmte David in Florenz. Bestattet sind hier der Maler Fra Angelico, die Heilige Katharina von Siena und zwei Päpste. Die Cappella Caraffa schmücken Fresken von Filippino Lippi.
**Piazza della Minerva 42**
*tgl. 7-19 Uhr*

### (K 1) Santa Maria del Popolo

Nero soll unter der kleinen Kirche begraben sein. Außerdem bietet das Gotteshaus eine Fülle von Meisterwerken wie Caravaggios „Kreuzigung des Petrus" und „Bekehrung des Paulus". Die Kapelle Rovere ist mit den typischen Pastellfarben Pinturicchios (1454-1513) geschmückt, Raffael wiederum entwarf 1513 die Cappella Chigi.
**Piazza del Popolo 12**
*Mo-Sa 7-12 Uhr, 16-19*
*So 8-13.30, 16.30-19.30 Uhr*

### (I 5) Santa Maria in Trastevere

Hauskirche der Laiengesellschaft St. Egidio, die sich weltweit für die Ärmsten einsetzt. Neuerdings ist das prächtige Mosaik an der Fassade beleuchtet. Die Madonna auf dem Apsismosaik ist wie eine orientalischen Göttin gekleidet. Die 22 ionischen Säulen stammen aus den Caracalla-Thermen.
**Santa Maria in Trastevere**
*tgl. 9-20 Uhr*

### (O 4) Santa Maria Maggiore

Die erste große Goldladung aus dem eben entdeckten Amerika

**MERIAN | TIPP**

### Centrale Montemartini

Gedacht war das Museum als Notlösung. Fürs Heilige Jahr 2000 wurden die verstaubten und schlecht präsentierten Kapitolinischen Museen renoviert und zahlreiche Schönheiten aus Marmor in Roms ältestes E-Werk ausgelagert, das bis 1963 Strom produzierte. Die „vorübergehende" Aussiedlung antiker Skulpturen – Athene zwischen Motoren, Kaiser und Philosophen in riesigen Maschinenräumen – wurde ein unerwarteter Erfolg. Inzwischen haben Götter und Imperatoren ihren festen Wohnsitz, ausreichend Platz und viele Bewunderer.

**(L 7) Via Ostiense 106, Bus 23**
*Di-So 9.30-19 Uhr*
*Eintritt 4,20 €, ermäßigt 2,60 €*

Die Königin der Römerstraßen: Die Via Appia Antica führte bis ins süditalienische Brindisi

MERIAN | TIPP

### Via Appia

Der Zensor Appius Claudius Caecus ließ 312 v. Chr. die Aufmarschroute für römische Truppen bis Capua mit Basaltquadern pflastern, 194 v. Chr. wurde die Regina Viarum bis ins süditalienische Brindisi verlängert. Fünf Legionäre konnten auf dem vier Meter breiten Weg nebeneinander marschieren. Kneipen säumten die Straße, und da das römische Zwölftafelgesetz von 450 v. Chr. die Bestattung der Toten innerhalb der Stadtmauern verbot, bauten viele Römer ihren Verstorbenen prächtige Urnengräber draußen nahe der Straße. Am besten erhalten ist die Tomba di Cecilia Metella kurz vor dem dritten Meilenstein links. Die Christen, die Feuerbestattungen ablehnten, schlugen für ihre Toten kilometerlange Katakomben in den Tuffstein. Eindrucksvoll ist die vierstöckige Nekropole San Callisto mit fast 170 000 Gräbern. Kapellen im Untergrund dienten zur Zeit der Christenverfolgung den Anhängern der neuen Lehre als Zuflucht. Die Katakomben des Hl. Sebastian liegen unter der Kirche San Sebastiano.

**Archeobus von der Piazza Venezia, Bus 118, 218, 660**

**Grab der Cecilia Metella**
**(C 3) Via Appia Antica 161**
*Eintritt 2 € (erm. 1 €)*

**Nekropole San Callisto**
**(C 3) Via Appia Antica 110**
*Do-Di 8.30-12, 14.30-17 Uhr Mi geschl., Eintritt 5 €*

**San Sebastiano**
**(C 3) Via Appia Antica 136**
*Mo-Sa 8.30-12, 14.30-17.30 Uhr So geschl., 5 €*

wurde für die prächtige Kassettendecke verwendet. Santa Maria Maggiore mit dem mit 75 Meter höchsten Glockenturm Roms (13. Jh.) und der Reliquie der Krippe Jesu aus Bethlehem gehört zu den vier Papstkirchen Roms. Mosaikbilder im Mittelschiff (5. Jh.) zeigen Szenen aus dem Alten Testament; auf dem Apsismosaik (13 Jh.) bekommt Maria von Christus die Himmelskrone zur Erinnerung an das Konzil von Ephesus (431), bei dem sie zur Gottesgebärerin erklärt worden war. Der Legende nach wurde die Kirche dort errichtet, wo im 4. Jh. an einem heißen Augusttag als Zeichen Gottes echter Schnee gefallen war.
**Piazza di S. Maria Maggiore Bus 70, 71** *tgl. 7-19 Uhr*

### (O 4) Santa Prassede

Das Attribut „Paradiesgarten" erhielt die Zenokapelle in der kleinen Kirche nahe Santa Maria Maggiore wegen der einzigartigen bunten byzantinischen Mosaikbilder aus dem 9. Jh., ein Beispiel schönster Dekoration des frühen Mittelalters. Namensgeberin der Kirche ist Praxedis, eine wohlhabende Römerin, der Überlieferung nach vom Apostel Petrus zum Christentum bekehrt. Im Apsismosaik setzte sich Papst Paschalis ein Denkmal: Das Bild zeigt ihn mit dem Modell der Kirche in der Hand zwischen Märtyrern, die von Petrus und Paulus zu Christus begleitet werden.
**Via di S. Prassede 9a Bus 70, 71**
*tgl. 7.30-12, 16.30-18 Uhr*

## MUSEEN

### (K 3) Palazzo Altemps

Der wohlhabende Herr hieß Hohenems, italienisch verballhornt Altemps, kam aus Vorarlberg und ließ als Kardinal in Rom diesen luxuriösen Palazzo aus dem 16. Jh. renovieren. Mehr als 100 wertvolle antike Skulpturen sind hier ausgestellt, darunter der Ludovisische Thron, ein griechisches Original aus dem 5. Jh. v. Chr., und die Büste von Junos schönem Haupt, das Goethe den Kopf verdrehte. „Es war dieses meine erste Liebschaft in Rom, und nun besitz' ich sie", schwärmte der Geheimrat aus Weimar, der sich eine Gipskopie der schönen Göttin für sein Haus am Frauenplan anfertigen ließ.
**Piazza di Sant'Apollinare 44**
*Di-So 9-19.30 Uhr, Mo geschl., Eintritt 5 € (erm. 2,50 €)*

etwa eine Gerichtsszene auf schwarzem Grund.
**Largo di Villa Peretti 1, Bus 40, 64, Metro Stazione Repubblica**
*Di-So 9-19.45 Uhr, Mo geschl., Eintritt 6 €. Karten für die Fresken unter Tel. 06/39 96 77 00*

### (O 2) Thermenmuseum

Die Inschriftensammlung in den Thermen des Diokletian ist ein Dorado für Epigrafiker und auch für Laien zuweilen recht amüsant. So lobt beispielsweise ein nobler alter Römer auf einem Grabstein mit einem Gedicht die Sanftmut und den herrlichen Busen der Geliebten.
**Via E. de Nicola 78, Metro Stazione Termini, Bus 40, 64, 492** *Di-So 9-19.45 Uhr Mo geschl., 5 € (erm. 2,50)*

### (K 1) Museo Nazionale Etrusco di Villa Giulia

Die verfeinerte Kultur der Etrusker – sie stellten die ersten Könige Roms – hat sich vor allem in ihren Grabstätten verewigt. Eine Sammlung ihrer Kunstwerke aus Nekropolen wird in der Villa Giulia präsentiert, etwa ein Sarkophag von Eheleuten um 530 v. Chr, Urnen oder raffinierte Alltags-Utensilien wie die berühmte Ficorini Cista, eine bronzene Schatulle für Schmuck und Kosmetik, oder der stattliche Terrakotta-Apoll aus dem Minerva-Tempel von Veio (5. Jh v. Chr.). Papst Julius ließ sich die Villa Giulia im 16. Jh. als Sommerresidenz bauen.
**Piazzale di Villa Giulia 9, Tram 19 und 30** *Di-So 8.30-19.30 Mo geschl, Eintritt 4 € (erm. 2 €)*

Monsignore mit Stil: Kardinal Hohenems lebte im Palazzo Altemps

### (K 4) Palazzo Massimo

Der Palazzo wurde zwischen 1883-87 errichtet, in ihm werden alte Schätze exzellent präsentiert: antike Skulpturen im Erdgeschoss und 1. Stock; im 2. Stock Mosaiken und prächtige Fresken. Sie stammen aus einer Villa Livias, der ersten Kaiserin Roms. Ein sommerliches Triclinium (Bankettsaal), zum Schutz vor der Hitze im Souterrain gelegen, war dekoriert mit Wandmalereien von Zypressen, Palmen, Seekiefern und Lorbeeren, auch von Granatapfel- und Quittenbäumen, durch die allerlei Vögel schwirrten. Weitere Fresken wurden in der Casa Farnesina entdeckt,

(K/L 1) **Casa di Goethe**
Goethe wohnte 1786-88 in dem Apartment beim Malerfreund Heinrich Tischbein. Seit der Renovierung ist das kleine Museum auch Kulturbotschaft Deutschlands, in der Lesungen und Ausstellungen stattfinden.
Via del Corso 18
www.casadigoethe.it
*Di-So 10-18 Uhr, Mo geschl., 3 €*

(M 1) **Galleria Borghese**
Kardinal Scipione Borghese ließ 1607 den aristokratischen Kunstsammler D'Arpino hinter Gitter setzen und eignete sich dessen fabelhafte Gemäldesammlung an. Maestro Domenichino musste ebenfalls in den Knast, bis er dem kunstbesessenen Prinzen seine „Diana" verkaufte. 200 Jahre später wurde die Familie Borghese selbst Opfer eines Kunsträubers: Napoleon zwang seinen Schwager Camillo zum Verkauf von rund 500 Meisterwerken. Dennoch blieben unschätzbare Preziosen im Besitz der Familie, etwa die Statue von Napoleons Schwester Paolina Borghese, die von Canova in Stein verewigt wurde oder Berninis „David mit der Schleuder" (1623-24). Die Skulpturen „Apoll und Daphne" sowie „Aeneas mit Vater Anchises" sind als bedeutendste Stücke der Sammlung erhalten. Zu den Prachtstücken der Malerei zählen Werke von Caravaggio, Raffael, Tizian, Cranach, Correggio, Rubens.

Roms eleganteste Piazza: Durch das leicht erhöhte Zentrum verlieh Michelangelo dem Kapitolsplatz geometrische Spannung

Piazzale del Museo Borghese
im Park Borghese, Bus 52, 53
www.galleriaborghese.it
*Kartenreservierung nötig*
*Tel. 06/328 10, Di-So 9-19 Uhr*
*Eintritt: 6,50 €*

(L 4) **Galleria Doria Pamphili**
Papst Innozenz X. war der Onkel von Camillo Pamphili, dessen Gattin Olimpia den mächtigen Palazzo als Mitgift in die Ehe brachte. Das Papstbild von Velázquez ist ein Glanzstück der Privatsammlung. Weitere Höhepunkte: Salome von Tizian, Madonna mit Kind von Parmigianino, Landschaften von Claude Lorrain.
Piazza Collegio Romano 1a
www.doriapamphilj.it
*Fr-Mi 10-17 Uhr, Eintritt 8 €*

(M 2/3) **Palazzo Barberini Galleria Nazionale d'Arte Antica**
Gemäldesammlung mit Werken aus dem 13.-18. Jh. Unter anderem ist Raffaels „La Fornarina", die schöne Bäckerin, zu sehen. Mäzene brachten das Modell an die jeweilige Schaffensstätte Raffaels, weil sie der Maestro so sehr liebte, dass er ohne sie nicht mehr malen wollte. Auch Caravaggios „Judith", die den Holofernes tötet, gehört zu den Höhepunkten der Ausstellung. Den prächtigen Palazzo schmücken wertvolle Fresken, etwa das barocke Deckengemälde von Pietro da Cortona „Der Triumph der Göttlichen Vorsehung" (1633-39).
Via delle Quattro Fontane 13
*Di-So 9-19 Uhr, Eintritt 5 €*

## Öffnungszeiten

Viele Museen und Sammlungen sind montags geschlossen, die Vatikanischen Museen an Sonn- und Feiertagen (außer am letzten So des Monats). Die meisten antiken Stätten sind inzwischen täglich geöffnet. Die großen Museen lassen in der Regel bis zum späten Nachmittag Besucher ein. Roms Bürgermeister Walter Veltroni führte 1996 als Kulturminister sogar Öffnungszeiten bis 23 Uhr in den Sommermonaten ein. Diese sind leider inzwischen nicht mehr die Regel, sondern werden je nach Haus kurzfristig anberaumt. EU-Bürger unter 18 und über 65 Jahren haben in vielen Museen freien Eintritt. Die genannten ermäßigten Preise gelten für Studenten zwischen 18 und 25 Jahren und Lehrer.

## Kuriosa

**Pasquino, die sprechende Statue**
Natürlich ist der in Stein gehauene Pasquino auf der gleichnamigen Piazza neben der Piazza Navona stumm. Es waren die unterdrückten Menschen, die bei Pasquino ihre Sorgen und ihren Zorn abluden und ab dem 16. Jahrhundert Pamphlete als Protest gegen die Päpste um den Hals der antiken Statue hängten. Die Praxis war nicht ungefährlich, denn bereits seit dem 13. Jh. wurde die Verbreitung von Flugblättern mit Beschlagnahmung des Eigentums oder Todesstrafe geahndet. **(K 3)**

**Schlüsselloch zu St. Peter**
Der Blick ins Schlüsselloch ist bezaubernd. Am Tor des Malteserordens am Aventin gibt ein Schlüsselloch beim Parco degli Aranci genau den Ausblick auf die Kuppel frei. **(L 6)**

**Wachsfigurenkabinett**
Sammlung von sorgfältig in Wachs geformten Politikern, Künstlern, Wissenschaftlern aus Italien, aber auch Nachbildungen von Abraham Lincoln in Washington und Lenin im Kreis seiner Bauern. Dinosaurier und Märchenfiguren in Wachs begeistern die Kinder.
**(L 3/4) Piazza Ss. Apostoli 67**
*tgl. 9-20.30 Uhr*

### (L 5) Musei Capitolini (Kapitolinische Museen)
Das einzige aus der Antike erhaltene Bronzestandbild – Kaiser Marc Aurel auf seinem Ross (2. Jh. n. Chr.) – ist schon allein eine Reise nach Rom wert. Wegen Korrosionsgefahr durch Autoabgase wurde es vom Kapitolsplatz in den Palazzo Nuovo verfrachtet, eine Kopie schmückt jetzt den von Michelangelo entworfenen Platz. Älter als Marc Aurel ist die Kapitolinische Wölfin (5. Jh. v. Chr.). Romulus und Remus, die Zwillinge, kamen erst im 15. Jh. dazu. Der sterbende Gallier (3. Jh. v. Chr.) und die Kapitolinische Venus, Kopie der berühmten griechischen Aphrodite des Praxiteles, sind Meisterwerke der Marmorkunst.
**Piazza del Campidoglio 1**
**www.museicapitolini.org**
*Di-So 9-20 Uhr, Mo geschl., 6,20 €, die „Capitolini Card" für 8,30 € ist auch für die Filiale des Museums, die Centrale Montemartini, gültig. Reservieren möglich, Tel. 06/39 96 78 00*

In der reich dekorierten Villa Farnesina feierte einst der neureiche Bankier Chigi rauschende Feste

### (C 3) Museo della Civiltà Romana
Hauptattraktion ist ein Modell des antiken Roms, das zeigt wie die Stadt im 4. Jh. n.Chr. ausgesehen hat. Außerdem Darstellungen vom Alltagsleben der römischen Vorfahren.
**Piazza Giovanni Agnelli 10**
**Metro B** *Di-Sa 9-18.45*
*So 9-13 Uhr, 6,20 €*

### (I 4) Villa Farnesina
Fresken von Raffael, darunter die Loggia mit Amor und Psyche, die der Maestro 1517 für den Garten-Palazzo des betuchten Bankiers Chigi malte. In der Villa inszenierte der neureiche Hausherr rauschende Partys und protzte mächtig vor alteingesessenen Aristokraten. Nach dem Mahl wurde das Tafelsilber in den nahen Tiber geworfen. Wenn die Gäste weg waren, ließ der geschäftstüchtige Finanzier die Netze samt Edelmetall wieder einziehen, die seine Diener zuvor im Fluss gespannt hatten.
**Via della Lungara 230**
**Trastevere**
*Mo-Sa 9-13 Uhr, Eintritt: 4,50 €*

## PLÄTZE, BRUNNEN, BRÜCKEN

### (K 4) Campo de' Fiori
Der Mann in der Mitte, Giordano Bruno, wurde hier 1600 als Ketzer bei lebendigem Leib verbrannt. Seit 1889 steht sein Denkmal auf der Piazza, als das liberale Italien nach der Einigung ein Zeichen gegen die frühere Macht der Kleriker setzen wollte. Heute ist auf der Piazza rund um die Uhr Hochbetrieb. Am Vormittag Markt, am Abend reges Treiben in den Kneipen und im Freien – bis 4 Uhr morgens, wenn die Müllabfuhr anrückt.

### (L 2) Spanische Treppe
„Ein Hauch von Haschisch in der Luft", notierte Ernst Jünger in den 60er Jahren. Die Treppe war immer Treffpunkt von jungen Menschen, die hier flirteten, bis spät in die Nacht sangen oder bei Liebeskummer bis früh in den Morgen seufzend die Sterne bewunderten. „Unter den Sternen" lautet auch das Motto der jährlichen Haute-Couture-Modenschau im Juli. Inzwischen ist auf der Prachttreppe aus dem 18. Jh. nicht nur Picknicken, sondern seit 2004 auch das nächtliche Trällern verboten.

### (L 3) Trevibrunnen
Seit ewigen Zeiten herrscht der Brauch bei Touristen, Münzen in die Fontana di Trevi zu werfen. Wer das tut, so die Legende, wird nach Rom zurückkehren. Singles, die von einer italienischen Liaison träumen, müssen zwei Münzen opfern, was möglicherweise von Latin Lovers erdacht wurde. So sammeln sich jährlich 120 Millionen Euro unter der barocken Neptun-Szenerie. Das Geld ist für wohltätige Zwecke bestimmt sind, wird aber auch von kleinen Buben oder größeren Gaunern aus dem Becken gefischt. Im übrigen können auch Paare eine Versicherung am Trevibrunnen abschließen. Wer aus dem kleinen viereckigen Becken, der *fontanina degli inammorati*, trinkt, wird nie fremd gehen. Wer's glaubt, wird glücklich.

### (K 1) Piazza del Popolo
Die klassizistische Kulisse mit Brunnen und Obelisk im Zentrum ist beliebter Treff zum Aperitif nach dem Einkaufsbummel. Ein paar Mal im Jahr Kulisse für Konzerte oder Wahlauftritte von Politikern.

### (K 4) Piazza Farnese
Mächtig beherrscht einer der schönsten Paläste Roms, der Palazzo Farnese, den Platz. Seine Fassade wurde von Michelangelo mitgestaltet. Die großen Porphyr-Becken der beiden Brunnen stammen aus den Caracalla-Thermen.

### (K 3) Piazza Navona
Einst eine Arena für Wagenrennen im antiken Rom. Die Marmorfiguren am Hauptbrunnen von Gian Lorenzo Bernini symbolisieren die vier größten Flüsse der im 17. Jh. bekannten Kontinente: Nil (für Afrika), Ganges (Asien), Rio de la Plata (Amerika), Donau (Europa). Auf der Piazza ging es über die Jahrhunderte immer bunt zu. Zuweilen amüsierten sich Päpste bei Wasserspielen, für die sie die Abflussrohre zustopfen

Symbol für die päpstliche Herrschaft über die Welt: Berninis Vierströme-Brunnen auf der Piazza Navona

ließen. Morgens ist die Piazza ein beliebter Ort für die Zeitungslektüre, tagsüber Fußballfeld oder Radpiste für Kinder und nachts das schönste Freiluftlokal für ein Glas Barolo.

(L 4) **Piazza Venezia**
Die Römer lieben das Monumentaldenkmal nicht gerade. „Gebiss", „Schreibmaschine" oder „weißer Schandfleck" schimpften die Bürger und überlegten den Abriss des „Altare della Patria", den Vittorio Emanuele II. nach der Einigung Italiens errichten ließ. Der König wollte mit dem klotzigen Bauwerk ein Gegengewicht zur Peterskuppel, dem Symbol der Päpste, setzen. Eindrucksvoller Blick von oben.
*Zutritt 9.30-17.30 Uhr*
*Eintritt frei*

(M 3) **Palazzo del Quirinale**
Einst Sommerresidenz der Päpste, nach 1870 Reggia der Könige von Italien, seit 1946 Sitz des Staatspräsidenten. Die Wandteppiche aus dem 17. bis 19. Jh. und der Garten sind Sonntag vormittags zu besichtigen.
Piazza del Quirinale
*Eintritt 5 €, jeden So von 8.30-12 Uhr, geschl. an besonderen Feiertagen, die auf So fallen, und im Juli und Aug. Weitere Ausnahmen unter* www.quirinale.it *(„apertura al pubblico") und* Tel. 064 69 91

(L 3) **Palazzo Chigi**
Die Adresse der Regenten: Romano Prodi wohnte im Regierungssitz an der Piazza Colonna. Regierungschef Silvio Berlusconi ließ sich allerdings an der Via del Plebiscito gegenüber dem Palazzo Venezia eine hochherrschaftliche Privatresidenz einrichten.

(K 3) **Palazzo Madama**
Im Palast aus dem 17. Jh. tagt der Senat, die kleinere Kammer. Zu Zeiten des Kirchenstaats hatten die päpst-liche Polizei, das Gericht und der Fiskus des Pontifex hier ihren Sitz.
Corso del Rinascimento

(L 3) **Palazzo Montecitorio**
Neben dem Regierungssitz liegt die Große Kammer des italienischen Parlaments mit 630 Abgeordneten. Entworfen wurde der Palazzo 1650 von Bernini.
Piazza di Montecitorio

(L/M 4) **Palazzo Senatorio**
Residenz des römischen Bürgermeisters auf dem Kapitol zwischen den Kapitolinischen Museen mit Blick auf die antike Via Sacra im Forum Romanum. Chefarchitekt der Piazza war Michelangelo.
Piazza del Campidoglio

## MERIAN | TIPP

### Rom baut

**(O 3/4) Casa dell'Architettura**
Seit der Eröffnung im November 2003 ist das Haus der Architektur auf dem Esquilin-Hügel in Bahnhofsnähe Ort für Ausstellungen über Architekten aus aller Welt.
**Piazza Manfredo Fanti 47**
**Bus 70, www.casadellarchitettura.it** *tgl. 10-18 Uhr*

**(K 1) Maxxi**
Die irakische Stararchitektin Zaha Hadid entwarf das futuristische neue Haus für „Maxxi", das Museum Moderner Kunst des 20. Jahrhunderts. Fertig gestellt soll der Bau frühestens 2006 sein, (s. auch S. 76) es finden aber kleine Ausstellungen im alten Gebäude statt.
**Via Guido Reni 10, Bus 280, 913**
**www.maxximuseo.org**

## MERIAN | TIPP

### La Pergola

„Das Essen beginnt lange bevor die Gerichte auf dem Tisch sind," sagt der Wahlrömer Heinz Beck. Ein tadelloser Service, schlichte Dekoration und herzliche Atmosphäre sind für ihn die Ouvertüre zum ausgiebigen Mal. Tatsächlich hat der bayerische Spitzenkoch in den letzten Jahren aus „La Pergola" auf dem Dach des Hilton Hotels am Monte Mario das berühmteste Restaurant Roms gemacht. 15 Köche schneiden hier ab Mittag Gemüse in kleine Stäbchen, kreieren immer neue Saucen zu Fisch und Fleisch und zaubern raffinierte Desserts – für höchstens 60 Gäste. Auf vier Gäste kommt damit ein Koch. In Italien, erzählt der Starkoch, habe er die Leichtigkeit der Küche und die feinsten Ingredienzien kennen gelernt. 30 erlesene Olivenöle benutzt Beck, das teuerste – nur vier Stunden nach der Ernte kalt gepresst –

kostet 180 € pro Liter. Beliebt bei den verwöhnten Gästen sind etwa Becks Ravioli mit Garnelen oder Fisch- und Taubenfilets mit Auberginensauce und natürlich das Grand Dessert: sieben verschiedene Dolci, Nachspeisen. Das Fünf-Gänge-Menü kostet 130 €, sieben Schlemmer-Gänge 145 €, Pastagerichte um die 35 € und Hauptspeisen über 40 €. Dennoch sind alle Tische oft drei bis vier Wochen im Voraus ausgebucht.

**(G 1) Via Cadlolo 101 im Hotel Hilton** *Tel. 06 35 09 21 52, (nur am Abend ab 19.30 Uhr, Mo und So, im Januar drei Wochen und im August zwei Wochen geschl.). Unbedingt reservieren!*

## RESTAURANTS

### (O 4) Agata e Romeo

Agatas Auge wacht über die Zubereitung von Linsensuppe mit Scampi oder Zafferan-Risotto mit Mozzarella, feinste Hasenklößchen oder Lammkottelets. Die spitzenmäßigen Zubereitung ihrer Speisen hat dem Haus einen Michelin-Stern eingebracht. Romeo berät im Lokal unweit von der Basilika S. Maria Maggiore sachkundig bei der Auswahl der langen Weinliste.
Via Carlo Alberto 45
Tel. 06 44 66 11 5
*unbedingt vorbestellen. Sa und So, 1.-15.1. und drei Wochen im Aug. geschl. Metro A: Piazza Vittorio* €€€

### (K 3) La Rosetta

Die Fischsuppe ist erstklassig, das versteht sich im La Rossetta von selbst. Das elegante Restaurant beim Pantheon ist seit Jahrzehnten für exquisite Fleisch- und Fischgerichte berühmt, z.B. Fisch-Carpaccio als Antipasto oder Pasta mit kleinen Tintenfischen und *bottarga*, sardischem Fischrogen. Mittagsmenü für 40 €, bei à-la-carte-Bestellung bis zu 125 € für Vor-, Haupt-, Nachspeise und Wein.
Via della Rosetta 9
Tel. 06 68 61 00 2 und 06 68 30 88 41
*unbedingt reservieren, Sa u. So mittags und zwei Wochen Mitte Aug. geschl.* €€€

### (N 4) Al Boschetto

Typische Trattoria, wo es das ganze Jahr *funghi porcini*, Steinpilzgerichte gibt, je nach Saison mit frischen oder getrockneten Pilzen. Hier essen oft auch die Carabinieri aus der Kaserne um die Ecke. Kleiner Garten.
Via del Boschetto 30
Tel. 06 47 44 77 0
*Sa mittags geschl.* €€

### (I/K 4) Ar Galletto Piazza Farnese

Die Küche ist bodenständig, keinesfalls extravagant. Aber man sitzt auf der eleganten Piazza Farnese und sieht am Nebentisch vielleicht einen Reigen römischer Promis, viele Schauspieler und Politiker speisen hier.
Piazza Farnese 102
Tel. 06 68 61 71 4
*So geschl.* €€

Fisch zu Tisch: Spitzenkoch Massimo Riccioli vom „La Rosetta" serv

### (H 2) Benito e Gilberto

Beliebtes Lokal bei Monsignori, Bischöfen, Kardinälen und auch Vatikan-Journalisten, die hier nach Pressekonferenzen des Kirchenstaats gerne einkehren. Exzellente Fischgerichte wie *tagliolini alla pescatora*, kleine Nudeln mit Fisch und Meeresfrüchten.
Via del Falco 19-20
Tel. 06 68 67 76 9
*am Abend reservieren, So, Mo und Aug. geschl.* €€

### (K 2) Buccone

Früher war es ein feudaler Pferdestall, jetzt eine urgemütliche Kneipe, in der auf vier Meter hohen Regalen ausgesuchte Weine aus ganz Italien lagern. Mittags kleine Gerichte, gute Pasta oder *melanzane alla parmigiana*, Auberginen mit Käse überbacken.
Via di Ripetta 19-20
Tel. 06 36 12 15 4 *Mo-Sa nur mittags von 12.30-16 Uhr, Fr u. Sa auch abends, So geschl.* €

### (I 4) Coccodrillo

Eine Mischung aus Themse, Moskwa und Tiber: Der Anglo-Russe Chris hat die Gewölbe im alten Palazzo stilvoll renoviert. Die Karte bietet eine gute Kombination von *cucina italiana* und den feurigen Kreationen von Köchin Angela. Gekocht wird mit Bio-Schinken und -Fleisch, hervorragend sind die *tonnarelli all'asparago*, Pasta mit grünem Spargel.
Via Giulia 14
Tel. 06 68 19 26 50
*Mi geschl.* €€

### (I 5) Da Augusto

Einfache Kneipe unweit der Kirche von Santa Maria in Trastevere mit Gerichten, die wie bei Mamma zubereitet werden: *involtini*, Fleischrollen in Tomatensauce, oder *coniglio alla cacciatore*, Hase in Rosmarin gedünstet. Wer nicht Schlange stehen will, muss früh einkehren. Ab 20 Uhr herrscht Hochbetrieb.
Piazza de' Renzi 15
Tel. 06 58 03 79 8
*Sa abends und So geschl.* €

### (K 1) Dal Bolognese

Küche aus Bologna und der Region Emilia Romagna, das bedeutet viel Pasta, Tortellini, Lasagne, Ravioli. Auch Claudia Schiffer genießt hier angeblich gern einen Teller hausgemachter Pasta, wenn sie in Rom ist. Exzellent ist der italienische Tafelspitz, *il bollito*. Bei warmen Wetter sitzt man auf der Terrasse mit Blick auf die Piazza.
Piazza del Popolo 1
Tel. 06 36 11 42 6 *Reservierung empfohlen, Mo das ganze Jahr, im Juli zudem Sa und So, plus 15 Tage im Aug. geschl.* €€

### (K 2) Dal Pollarolo

Beliebte Trattoria im Viertel um den Campo de' Fiori. Besonders zu empfehlen: die Fettucine mit Ragout, Spaghetti Carbonara und dienstags und freitags auch Pasta mit Muscheln und Fisch. Abends gibt's Pizza aus dem Holzofen.
Via Ripetta 4-5
Tel. 06 36 10 27 6
*Do geschl.* €

besten Meeresfrüchte

**(L 3) Da Sabatino**
Es gibt kaum eine schönere Kulisse für ein Mahl auf der Piazza mit den leicht bröckelnden Rokoko-Fassaden. Man genießt Spaghetti mit Scampi, Artischocken oder zarte Fleischgerichte wie *saltimbocca alla romana.*
**Piazza S. Ignazio 169**
**Tel. 066 79 78 21** *zwei Wochen im Aug geschl.* €€

**(K 3) Fortunato al Pantheon**
Sehen und gesehen werden! Ex-EU-Kommissar Romano Prodi lud einst Ex-Kanzler Helmut Kohl ins vornehme Lokal am Pantheon. Weil Parlament und Senat um die Ecke liegen, gilt das Ristorante als lukullische Dependance der Politik.
**Via del Pantheon 55**
**Tel. 066 79 27 88**
*unbedingt reservieren, So und zweite Aug.-Hälfte geschl.* €€€

**(I 4) Il Pagliaccio**
Die Meerbarbe ist mit Grapefruit und Zitronengras abgeschmeckt, die Frühlingsrolle mit Hühnchen und exotischen Thai-Gewürzen kombiniert. Anthony Genovese hat nicht nur in den besten italienischen Restaurants gelernt, sondern auch in China und Thailand in die Küchen geschaut. Auf der Karte: Pasta mit Hase, Spargel und Garnelen oder Filet mit einer aparten Majoran-Sardellen-Sauce. Zwei hochelegante Speiseräume mit Holzkassettendecke.
**Via dei Banchi Vecchi 129 a**
**Tel. 06 68 80 95 95**
*reservieren, So und Mo mittags geschl.* €€€

**(K 3) La Campana**
Das älteste Lokal Roms, das schon vor fast einen halben Jahrtausend Pilger bekocht haben soll, ist eine Institution. An Sonn- und Feiertagen versammeln sich hier oft Großfamilien, denn Antipasto, Pasta und Hauptgänge schmecken hier so gut wie selbst gemacht.
**Vicolo della Campana 18**
**Tel. 066 86 78 20**
*Mo geschl.* €€

**(L 2) Matricianella**
Rustikal, aber mit hervorragender Küche. Die Spaghetti alla Carbonara, mit Ei und Speck, oder *abbacchio alla scottadita*, gebackenes Lamm, sind kaum zu übertreffen. Viele Geschäftsleute schätzen das immer noch preiswerte Lokal bei der Spanischen Treppe. Mittags und abends stets voll.
**Via del Leone 2-4**
**Tel. 066 83 21 00**
*reservieren, So geschl.* €€

**(K 2) Obikà**
Man könnte meinen, dass in der Heimat des Feldherrn Lukullus alle Arten der Gastronomie längst ausgereizt sind. Von wegen! Obikà füllt seit April 2004 eine Marktlücke: die erste Mozzarella-Bar mit bestem Büffel-Rahmkäse aus der Ursprungsregion Kampanien, auf der Karte aber auch andere kleine Gerichte und gute Weine.
**Via dei Prefetti 26 a**
**Tel. 066 83 26 30**
*Mo-Sa 8-24 Uhr* €€€

**(I/K 5) Paris**
Gnocchi mit Fischragout oder Pasta mit Zucchiniblüten und Muscheln sind in dem Traditionslokal ein Genuss. Versuchen Sie die in Teig fritierten Gemüse oder in Olivenöl gebackenen Artischocken, *carciofi alla giudia*. Viele Einwohner von Trastevere schwören auf das Lokal.
**Piazza San Callisto 7a**
**Tel. 065 81 53 78**
*besser reservieren, So abend, Mo und Aug. geschl.* €€€

**(A 4) Pierluigi**
Als er noch für die AS Roma spielte, kam auch Ex-Nationaltrainer Rudi Voeller gerne hierher. Große Auswahl, vom Carpaccio über Spaghetti in Langustensauce bis zum hausgemachten Schokoladenkuchen, leichte Weine und die Hausmarke Prosecco „Rustico".
**Piazza dei Ricci 144**
**Ostia Antica, Tel. 066 86 13 02**
*am Abend reservieren, Mo geschl.* €€

**(P 4) Pommidoro**
Hier kehrte der linke Regisseur Pier Paolo Pasolini regelmäßig ein. Gemüse und Obst kommen aus eigenem Anbau, besonders gut ist die Pasta mit grünem Wild-Spargel. Kultkneipe im Studentenviertel San Lorenzo.
**Piazza dei Sanniti 44**
**Tel. 064 45 26 92**
*So geschl.* €€

**(K 3) Riccioli Cafe**
Die erste Austern-Cocktailbar für römische Snobs hat auch Sushi oder Hamburger mit Gänseleber auf der Karte. Mittags auch kleine Gerichte am Buffet für 15 Euro.
**Via delle Coppelle 13**
**Tel. 06 68 21 03 13**
*tgl. 9-1 Uhr* €€€

**Im „Sabatino" speist man mit Blick auf Rokoko-Fassaden**

## Eisdielen

Wenn Sie in der Gelateria di San Crispino Ihre Zunge mit einem besonders verwegenen Aroma kitzeln lassen wollen, dann versuchen Sie *arancia selvatica*, wilde Orange – ein wenig bitter, ein wenig süß und ziemlich frisch. Bei *zenzero e cannella* sind die Zutaten klar: Ingwer und Zimt. Roms riesengroße Eis-Fangemeinde ist gespalten in San Crispino-Fans, die der kleinen *gelateria* hinter dem Trevibrunnen die Treue halten, und den Anhängern von Giolitti, seit über 100 Jahren der Eiskönig von Rom. Bei Giolitti soll sogar Papst Johannes Paul II. schon des öfteren Gefrorenes für seine zahlreichen Tischgäste bestellt haben. Auch Parlamentarier steuern das Café mit den vielen Eissorten gerne zwischen den Debatten an, denn das Abgeordnetenhaus liegt um die Ecke. Ältere Damen schätzen Giolittis gute Kuchen.

**Il Gelato di San Crispino**
**(M 3) Via della Panetteria 42**
*Di geschl. So-Do 12-0.30, Fr-Sa 12-13.30 Uhr*
**Giolitti (K/L 3) Via degli Uffici del Vicario 40,** *tgl. 7-2 Uhr*

**MERIAN | TIPP**

## Trattoria Corsi

Ab ein Uhr mittags, wenn in anderen Lokalen des Zentrums gerade die ersten Gäste eintrudeln, ist bei Agostino in der Trattoria Corsi schon jeder Tisch besetzt mit Handwerkern, Bankern und Politkern. Sie alle wissen, dass es hier die besten Nudeln, Fleischgerichte und Gemüseteller zu bescheidenen Preisen gibt. Dazu liegt das Lokal auch noch fabelhaft zentral hinterm Pantheon. Auch Promis wie Terence Hill oder der Komponist und Oscar-Gewinner Nicola Piovani verirren sich gern in die einfache Kneipe, wo die Tischtücher aus grobem Papier statt aus Leinen sind. Die Trattoria bietet nur Mittagstisch. „Wir sind ein kleiner Familienbetrieb", erzählt der *Padrone*, „zwei mal täglich warme Küche, das schaffen wir nicht." Seine Frau Maria Rita und die Töchter Manuela und Ilaria

helfen den Gäste bei der Wahl zwischen den hausgemachten *cannelloni* oder *polpette*, Fleischklößchen. Obendrein versteht die Familie viel von guten Weinen. Die Töchter sind ausgebildete Sommelières, die die Gäste in der zum Lokal gehörenden Enoteca über die besten Tropfen Italiens aufklären. *(Ausschank von 8.30-20 Uhr)*

**(L 4) Via del Gesù 87-88**
**Tel. 06 67 90 82 1**
*Trattoria nur mittags von 12.30-15 Uhr, So geschl.*

### (K 3) Santa Lucia

Seit Rockstar Madonna und die große Dame des italienischen Films Sophia Loren hier ihre Pasta aßen, gehören die kleinen Räume mit Art-Déco-Tischen und roten Wänden zu den absoluten In-Lokals. Schattiger Garten gleich hinter der Piazza Navona.
**Largo Febo 12**
**Tel. 06 68 80 24 27**
*am Abend reservieren*
*Di geschl.* €€€

### (K 3) Sora Lucia

Als Alternative zu den Fast-Food-Ketten rund um den Trevibrunnen lässt es sich nur ein paar Schritte entfernt bei Liliana gut italienisch essen. Auf der Karte stehen hausgemachte Fettucine oder Lasagne mit Ragout oder einem anderem Sugo, außerdem gute Antipasti und Salate je nach Saison. Auch das Tiramisu ist besser als in vielen gehobenen Lokalen. Ein paar Tische im Freien.
**Via della Panetteria 41**
**Tel. 066 79 40 78** *Mo geschl.* €

### (K 5) Sora Margherita

Gnocchi oder Tagliatelle hausgemacht, Carpaccio vom Rind und Lamm, Auberginen mit Parmesan, *carciofi alla giudia*, gebackene Artischocken: Alles ist vom Besten. Auch die Kuchen sind delikat. Deshalb steht man vor der Trattoria oft ohne zu murren Schlange, bis einer der mit Papier gedeckten Tische frei wird.
**Piazza delle Cinque Scole 30**
**Tel. 066 87 42 16**
*So geschl., und am Abend nur Fr und Sa, ansonsten nur mittags von 12.30-15 Uhr*

### (I 3) Trattoria Gino e Pietro

Wer einmal bei Pietro war und sich von seiner Frau Adriana bekochen ließ, kommt gerne wieder. Schon wegen der Auswahl von mindestens einem Dutzend verschiedener Antipasti, von marinierten Pilzen über gebackene Zucchini, Auberginen bis zu Mozzarelline. Die Pasta ist natürlich hausgemacht. Gerne zeigt Pietro, der überzeugter AS Roma-Fan ist, auf ein großes Foto im Lokal: der Wirt und sein Fußball-Idol Rudi Völler.
**Via del Governo Vecchio106**
**Tel. 066 86 15 76**
*Do geschl. von 12.30-15 und 19.30-23 Uhr* €€

**Im Antico Caffè Greco philosophierte Goethe mit Malerfreund Tischbein**

## WEINSTUBEN

### (K 2) Al Parlamento

Die Enoteca liegt gleich um die Ecke vom Parlament. Oft sieht man hier Abgeordnete aller Fraktionen bei einem entspannenden Gläschen nach hitzigen Debatten.
**Via dei Prefetti 15**
**Tel. 066 87 34 46** *Mo-Sa 9.30-14, 16-20.30 Uhr, So und zwei Wochen im Aug. geschl.* €

### (K 4) Cul de Sac

Kneipe mit kleinen Gerichten wie Zwiebel- oder Linsensuppe, Pasta, Gemüseteller und kleine Hauptspeisen. Beliebtes Lokal neben der Piazza Navona mit mehr als 1400 Sorten Sekt und Wein.
**Piazza Pasquino 73, Tel.**
**06 68 80 10 94** *kein Ruhetag* €

### (O 2) Trimani Il Wine Bar

Weinbar neben dem gleichnamigen bestsortierten Weinladen Roms. Zuerst wird der gute Tropfen empfohlen und dann das passende Gericht dazu, etwa Polenta mit *salsicce*, Würstchen, oder eine kleine Käse-, Salami- und Schinkenplatte. Beliebt bei den Angestellten der nahen deutschen Botschaft.
**Via Cernaia 37b**
**Tel. 064 46 96 30**
*So geschl.* €€€

## PIZZA

Ob die Pizza in Italien oder im Fernen Osten kreiert wurde, ist den Römern egal. Hauptsache, sie ist dünn, knusprig und billig. Traditionalisten essen Pizza nur am Abend, wenn der Holzofen angefeuert ist, aber Touristen serviert man neuerdings auch mittags das dankbare schnelle Gericht. Abends muss man bei beliebten Pizzerien Schlange stehen, es sei denn, man belegt schon kurz nach sieben einen der Tische.

### (K 6) Ai Marmi

Im Winter ist es innen laut und eng, im Sommer dröhnt der Verkehr der Viale di Trastevere vorbei. Dass das Lokal dennoch immer voll ist, liegt einfach an den fantastischen Pizzen.
**Viale di Trastevere 53-59**
*Mi geschl.* €

### (I 3) Da Baffetto

Der alte Baffetto hat sein Lokal zur Institution gemacht, weil es zentral in der Nähe der Piazza Navona liegt, dennoch billig ist und man im Sommer auch nett draußen sitzt.
**Via del Governo Vecchio 114**
*kein Ruhetag* €

### (D 3) Remo

Papier auf den Tischen, dazu ein Lärmpegel wie im Stadion: Bei jungen Leuten ist das Lokal dennoch sehr beliebt, weil es im Ausgehviertel Testaccio liegt.
**Piazza S. Maria Liberatrice 44**
*So geschl.* €

### (O 1) Grattaleone

Hier gibt es Bier vom Fass, Sportfernsehen und die knusprigste Pizza im Viertel Salario. Holzgetäfelter Raum mit Jugendstil-Lampen.
**Via Messina 42**
**Tel. 06 44 24 23 79**
*Mo geschl.* €

## CAFÉS

Italiener pflegen ihre Gewohnheiten, vor allem beim Frühstück besuchen sie immer dieselbe Bar, wo sie mit dem Mann hinter dem Tresen per du sind. Ein guter *barista* kennt seine Stammkunden so genau wie den Inhalt seiner Hosentaschen, er weiß, wie der *dottore* oder *professore,* der Schuster oder Schneider seinen *caffè* wünscht: *il solito*, das Übliche, heißt es dann nur. Zu einem guten Café gehören ein paar Tische draußen für die morgendliche Zeitungslektüre. Am Tisch serviert kostet der Kaffee allerdings dreimal so viel wie am Tresen.
(s. auch S. 107)

### (L 2) Antico Caffè Greco
Längst nicht immer war das Etablissement so vornehm wie heute. Hier trank Goethe alias Filippo Moeller so manchen Schoppen mit seinem Freund Heinrich Tischbein, bei dem er in der Via del Corso 18 wohnte. Schopenhauer flog wegen Unflätigkeit hinaus und Nikolai Gogol schrieb hier seine „Toten Seelen". Der Maler Giorgio De Chirico empfand das Café als den „ einzigen Platz, an dem man das Ende der Welt abwarten kann". Leider heute völlig überlaufen und überteuert.
**Via Condotti 86** *Mo-Fr 9-19.30, Sa u. So 10.30-19 Uhr*

### (L 2) Canova Tadolini
Café im Atelier. Inmitten von wohlgeformten Marmorstatuen – hier freilich nur als Gipsabdrucke – kann man seinen Cappuccino trinken. Das zweistöckige Kunstatelier gehörte dem neoklassizistischen Bildhauer Antonio Canova, dessen Büsten in der Galleria Borghese stehen.
**Via del Babuino 150**
*Mo-Sa 9-20.30 Uhr, So geschl.*

**Süß und verführerisch: Cafés in Rom sind für ihre leckeren Torten und dolci bekannt**

### (K 3) Cafeteria Chiostro del Bramante
Brunch gibt es hier sonntags ab elf Uhr, den Aperitif schon ab fünf Uhr. Im Café des Chiostro del Bramante, wo kleinere Ausstellungen stattfinden, sitzt man wunderbar über dem Renaissance-Innenhof.
**Arco della Pace 5**
*Di-So 10-19.30 Uhr, Mo geschl.*

### (IK 5) Di Marzio
Café mit Blick auf einen der schönsten Plätze vor dem Brunnen von S. Maria Trastevere, wo einst Fellini seine Rom-Szenen drehte. Die Lage hat ihren Preis, und den zahlt der Gast, z. B. 5 € für einen frisch gepressten Orangensaft.
**Piazza S. Maria in Trastevere 15**
*tgl. 7.30-1 Uhr, drei Wochen im Jan., eine Woche im Aug. geschl.*

### (K 3) Sant'Eustachio
Man kann das kleine Traditionscafé auch nach dem Geruch von frisch geröstetem Kaffee orten. Angeblich gibt es hier den besten Espresso und Cappuccino in der Innenstadt; unweit von Senat und Piazza Navona. Leider keine Terrasse.
**Piazza Sant'Eustachio 82**
*Di-So 8.30-1 Uhr, Mo geschl.*

### (K 1) Rosati
Seit seiner Eröffnung 1922 ist das elegante Jugendstil-Café Treffpunkt aller römischen Intellektuellen. Hier saßen auch Alberto Moravia, Dacia Maraini und Federico Fellini.
**Piazza del Popolo 4-5**
*tgl. 7.30-24 Uhr, kein Ruhetag*

### (K 3) Tre Scalini
Ein cremiger Cappuccino und dazu das berühmte *tartufo,* Trüffelschokoladen-Eis und drumherum die Kulisse der Piazza Navona – ein Erlebnis, auch wenn die hohen Preise den die Freude dämpfen.
**Piazza Navona 28**
*tgl. 7.30-24 Uhr, Mi geschl.*

## SCHNELLIMBISSE

Wer schnell satt werden und dabei nicht zu viel bezahlen will, kann ein Tellergericht bei einer *tavola calda* ausprobieren. *(geöffnet meistens 7.30-20 Uhr, So geschl.)*
Beim Bahnhof:
**Fantasie del Pane, Via Goito 9**
Spanische Treppe:
**FiorFiore, Via della Croce 17**
Trastevere:
**Sisini, Via S. Francesco a Ripa 137**

**MERIAN | TIPP**

### Party auf der Piazza

Zur *Festa di Noantri* Ende Juli stellen die Bewohner von Trastevere ihre Tische ins Freie. Die einen bringen dampfende Pasta mit, die anderen Fisch, Fleisch oder Kuchen: Man isst und feiert gemeinsam unter freiem Himmel – so wie es früher einmal üblich war. Trastevere, das Viertel mit den meisten Restaurants, Pubs und Lokalen, ist aber immer noch ein großer Open Air-Treff. Auch am Campo de' Fiori ist an lauen Abenden jeder Tisch besetzt. Selbst im Winter ist die Piazza am frühen Abend voll von jungen Leuten, die sich mit einem Glas Wein oder einem Cocktail zuprosten. Auch in den Cafés und Weinbars auf der Piazza Navona herrscht ständig Hochbetrieb. Alt-Stars und junge Sternchen genießen rund um den Bernini-Brunnen ihren *aperitivo*. Die Via Veneto, einst Straße des *dolce vita*, ist dagegen trotz mehrfacher Wiederbelebungsversuche bei der Szene abgeschrieben. Teenager und Twens treffen sich lieber am Monte Testaccio, dem antiken Scherbenhügel. Wo die alten Römer ihre ausgedienten Amphoren und Krüge entsorgten, feiern die *ragazzi* heute Nacht für Nacht; Discos, Pubs und Kneipen reihen sich hier aneinander. Highlight der Sommersaison ist die *Estate Romana*, das römische Festival von Juni bis September, bei dem auch schon mal Rock vor Barock gespielt wird: Auf den schönsten Plätzen Roms finden dann Konzerte, Theater- und Filmabende statt.

In der schicken Bar della Pace bleibt in warmen Nächten kein Platz frei

## DISKOTHEKEN UND NIGHTLIFE

(K 3) **Bar della Pace**
Die efeuberankte Jugendstil-Bar liegt hinter der Piazza Navona. Treff von angegrauten Intellektuellen, von denen viele in den Palazzi rundum residieren.
Via della Pace 3/7
*Di-So 9-2, Mo 14-2 Uhr*

(K 3) **Bevitoria Navona**
Hier genießt man ein gepflegtes Glas Wein nahe der schönsten Arena der Stadt. Die wertvollsten Flaschen lagern im antiken Kellergemäuer.
Piazza Navona 72

(K 6) **Big Mama**
Schon 20 Jahre alt, aber noch immer ein Hit für Blues-, Funk- und Jazz-Fans in Trastevere.
Via San Francesco a Ripa 18
Tel. 065 81 25 51 *Di-So 9-1.30 Uhr, Mo geschl., Tram 8*

(K 7) **Cafè Latino**
Eine der ersten Adressen am Testaccio mit Caffè, Bar und Live-Musik.
Via di Monte Testaccio 96
*Di-So 22.30-3 Uhr, Bus*

(I 5) **Friends Art Cafè**
Man trifft sich am futuristischen Metalltresen zum Aperitif und kleinen Häppchen.
Piazza Trilussa 34
*tgl. 7-2 Uhr, Tram 8*

(L 2) **Gilda**
Edeldisco der italienischen Politiker und Manager, aber auch Treffpunkt der *jeunesse dorée*. Männer kommen nicht ohne Krawatte ins Lokal. Turnschuhe verboten!
Via Mario de' Fiori 97
Tel. 066 78 48 38
*Di-So 23-5 Uhr, Mo geschl.*

(L 7) **Goa**
Coole Atmosphäre mit orientalischem Touch; viel Punk, Rock und jeden Donnerstag House Music. Bekannte DJs.
Via Libetta 13, Tel. 065 74 82 77
*Di-Sa 23-3 Uhr, So und Mo geschl., Bus 23*

(K/L 7) **Il Seme e la Foglia**
Bistro im Pariser Stil, angenehmer Treffpunkt für ein Glas Bier oder Wein.
Via Galvani 18 *Mo-Sa 8-2 Uhr So 18-2 Uhr, Bus 719*

(I 3) **Jonathan's Angels**
Kultbar mit ausschweifenden Fresken, die Besitzer Jonathan selber gemalt hat.
Via della Fossa 16
Tel. 066 89 34 26

(P 4) **La Palma**
Beliebtes Underground-Lokal nahe der Via Tiburtina. Hier gastieren Bands aus allen Ländern, besonders beim Jazz-Festival von Juni bis Juli.
Via Giuseppe Mirri 35
Tel. 06 43 59 90 29
www.lapalmaclub.it
*Mo-Do ab 22 Uhr*
*Fr/Sa ab 23 Uhr, Bus 71*

(K 1) **Teatro Olimpico**
Internationale Bühne, auf der aber auch italienische Stars wie Eros Ramazzotti manchmal auftreten.
Piazza G. da Fabriano 18
Tel. 063 26 59 91 *Bus 2*

(I 5) **Ombre Rosse**
Candlelight-Atmosphäre auf einem der lebhaftesten Plätze von Trastevere. Auf kleinen Tischen werden Schmuck und Taschen verkauft. Immer voll.
Piazza S. Egidio 12
*Mo-Sa 8-2 Uhr*
*So 18-2 Uhr, Tram 8*

(L/M 1) **Piazza di Siena Art Cafe**
Hier trifft sich ein mondänes Publikum zu Ausstellungen, Live-Musik und Modeschauen neben dem Parkplatz der Villa Borghese.
Viale del Galoppatoio 33
Tel. 06 36 00 65 78 *ab Mitte Sept. tgl. 11.30-3 Uhr, Bus 490*

(K 4) **Taverna del Campo**
Kleine Snacks bis spät nachts, große Auswahl an Drinks – und lange Schlangen, bis man endlich einen Tisch ergattert.
Campo de' Fiori 16
*Di-So 9-1 Uhr*

(K 4) **Vineria Reggio**
Älteste Weinbar am Platz, man kann sich den Wein auch im Plastikbecher auf die Stufen des Monuments von Giordano Bruno mitnehmen.
Campo de' Fiori 15
*Mo-So 8.30-2 Uhr. So geschl.*

(K 3) **Tartarughino**
Pianobar für Cocktailtrinker, im weißen Jackett oder im kleinen Schwarzen.
Via della Scrofa 1
*Tgl. 21-3 Uhr, Bus 116*

## MIT KINDERN UNTERWEGS

# Teenies auf Entdeckungsreise

**Familienurlaub kann entspannend sein – wenn jeder macht, was ihm gefällt. Zwei 15-jährige raten: Kultur in Maßen, viel Zeit für Shopping und Pausen mit Eis**

### 1.Tag

Gestern Nacht sind wir mit dem muffigsten Taxifahrer Roms vom Flughafen in die Innenstadt gedüst. Plötzlich lag der hell erleuchtete **Circus Maximus** vor uns. Wo früher Wagenrennen stattfanden, lief ein irres Konzert mit Santana, tausende junger Leute standen vor der Bühne. Wir wären am liebsten aus dem Taxi gesprungen.
Heute ist Sonntag, da gehen die Römer gerne auf den **Flohmarkt Porta Portese** und auf die **Via Appia Antica.** Wir auch. Wir wollten mit der Straßenbahn (Linie 19 und 3) fahren, weil die Fahrt direkt am **Kolosseum** und anderen Sehenswürdigkeiten vorbeiführt. Die gleiche Idee hatten eine Menge anderer Leute auch, die Bahn war gerammelt voll, wir wurden beinahe zerquetscht. Auf dem Flohmarkt Porta Portese war viel los, aber es gab alles, was das Herz eines Designerfreunds begehrt, zu taschengeld-kompatiblen Preisen: gut kopierte Gucci-Brillen, falsche Louis-Vuitton-Taschen, Fußballtrikots, Gürtel, Armreifen und Handtaschen en masse. Wer feilschen kann, hat hier bessere Karten.
Mit neuen Sonnenbrillen auf der Nase machten wir uns auf den Weg zur **Via Appia Antica,** der antiken Heerstraße. Als wir nach einem endlosen Fußmarsch zum **Fahrrad-Verleih** gegenüber der **Quo-Vadis-Kirche** kamen, waren gerade alle Räder ausgeliehen. Aber bevor wir uns noch richtig darüber ärgern konnten, zog Mama uns in ein Gartenlokal, in dem große Römerfamilien zu Mittag aßen. Es war laut und lustig trotz der gruseligen antiken Grabnischen an der Wand.
Am Nachmittag waren dann Fahrräder frei und wir radelten über die mehr als 2000 Jahre alten buckligen Pflastersteine.

Wo Mama nie kaufen würde: Boutique im *centro storico*

Mit vollem Magen. Cäsar und Kleopatra sind damals in ihren Sänften bestimmt nicht so durchgeschüttelt worden. Als wir im Abendlicht vor dem Kolosseum standen, waren wir fasziniert. Wir kleinen Menschen vor diesem riesigen Bauwerk! Witzig sind die verkleideten Legionäre, die sich mit Touristen gerne fürs Familienalbum fotografieren lassen. Unser Legionär, Martius, sah aus wie ein Römer bei Asterix und Obelix, war knackig braun und konnte Grimassen schneiden. Wir mussten lachen, als unter seinem Helm ein Baseball-Cap zum Vorschein kam.

Nur sonntags möglich: Radtour auf der Via Appia Antica

### 2. Tag

Heute waren wir so früh an der **Fontana di Trevi,** dass wir noch den Brunnenputzern zusehen konnten. Das Wasser plätscherte und rauschte, es glitzerte und funkelte nur so. Wir hätten Stunden dasitzen können, um der Wassermusik zuzuhören, gingen dann aber doch ein paar Straßen weiter bis zur Spanischen Treppe. Der Verkehr in Rom ist ziemlich gewöhnungsbedürftig, man weiß nie, wann ein Autofahrer einen lässig hinübergehen lässt oder einem mit viel Gas beinahe die Hacken abfährt. Die Spanische Treppe ist breit, geschwungen und besetzt von massenhaft Jugendlichen. Wir setzten uns

### Tipps für Kids

**(K 6) Porta Portese**
**Nähe Viale di Trastevere**
**Tram 8, 19**
*Flohmarkt So 7-14 Uhr*

**(D 3) Via Appia Antica**
Nur sonntags Fußgänger- und Radler-Paradies
**Fahrradverleih**
**Via Appia Antica 42**
**bei Quo-Vadis-Kirche**
**Tel. 065 12 63 14**
*nur So 9.30-17 Uhr*
*Archeobus jede volle Stunde.*
*7,75 € ab Piazza Venezia*

**(K/L 3) Gelateria Giolitti**
Beliebte Eisdiele mit über 100 Sorten zur Auswahl
**Via Uffici del Vicario 40**
**Bus 62, 63** *tgl. 7-2 Uhr*
*3 Kugeln für 1,80 €*

**(M 1) Fesselballon Mongolfiera**
Startstation im
**Park der Villa Borghese**
**Tel. 06 32 11 15 11**
**Bus 116, 490, 495**
*10-18 Uhr, je nach Wetterlage*
*Erw. 15 €, Ki. 11 €*

**(M 3) Museo Nazionale delle Paste Alimentari**
Nudelmuseum
**Piazza Scanderbeg 117**
*Di-So 9.30-17.30 Uhr*
*Eintritt 9,80 €*

# MIT KINDERN UNTERWEGS

Hochgefühl: Mit dem Fesselballon 150 Meter über Rom schweben

einfach dazu. Auf der Treppe gelten komische Vorschriften, die Singen, Essen und Trinken auf den Stufen verbieten. Offenbar gibt es Ausnahmen, denn als ein deutscher Chor eine Einlage gab, applaudierte sogar der Wächter. Einmal kam ein schmalziger Italiener und fragte uns *„you 'ave cigarettes?"* Als Anmache nicht sehr originell. Überhaupt sehen und pfeifen die Römer den Mädchen sehr eindeutig hinterher. Zum Beispiel die Carabinieri, die pfiffen zwar nicht, drückten aber die uniformierte Brust noch mehr heraus, stellten sich noch breitbeiniger hin und drehten ihre Köpfe gleichzeitig nach uns um. Bis sie Mama hinter uns sahen! An der **Eisdiele Giolitti** kann und sollte man nicht vorbeigehen! Die Kundschaft ist so gemischt wie das Eis-Sortiment mit über **hundert Sorten.** Vor uns standen Herren in piekfeinen Anzügen, hinter uns ein Priester in schwarzem Ornat und ältere Damen mit Perlenketten. Wir verspeisten unsere riesigen Portionen Pistazie-Pampelmuse-Soja und Schoko-Erdbeer-Limone glücklich auf einem sonnenbeschienenen Straßenpoller.

## 3.Tag

Am Morgen wollten wir mit dem Fesselballon über Rom schweben, aber als wir zum Startplatz im **Park der Villa Borghese** kamen, wurden wir enttäuscht. „Zu viel Wind", sagten die Ballonführer. Wir wanderten durch den Park zum Pincio. Von hier aus sah es so aus, als liege die Kuppel des **Petersdomes** zum Greifen nahe, aber zu Fuß dauerte es dann doch über eine Stunde, bis wir dort ankamen. Der **Petersplatz** strahlte in seiner Pracht, jede einzelne Säule ist ein Kunstwerk. Wir krempelten züchtig die Hosenbeine runter, damit wir erst durch die Sicherheitsschleusen und dann an den päpstlichen Sittenwächtern vorbei in den Dom durften. Man muss den Petersdom gesehen habe, die schiere Größe, die schweren barocken Verzierungen sind beeindruckend, auch wenn die Menschenmenge jede Art von Andacht schwer macht.
Nach einer Siesta in der Pension wollten wir die Stadt auf eigene Faust erkunden, besser gesagt, ausgiebig alleine shoppen. Hatten wir uns nicht am Vortag den tollen, billigen Handtaschenladen beim Pantheon gemerkt und die Geschäfte am Corso? Mit den Bussen klappte es ganz gut, aber dann haben wir uns gründlich in den Gassen verirrt. Wir fluchten auf den Stadtplan, auf die seltenen Straßenschilder und auf uns selbst. Verzweifelt versuchten wir, die Hauptstraße, die Via del Corso, wiederzufinden, bis ein Englisch sprechender Eismann uns weiterhalf!

## 4.Tag

Heute Morgen haben wir in der Bar an der Ecke gefrühstückt: *latte macchiato*, Milchkaffee, *tramezzini*, belegte Toasts und *danese*, süßes Gebäck. Plötzlich kamen zwei Limousinen mit Sirenengeheul, Bodyguards sprangen heraus und sicherten einem wichtig aussehenden Typen mit verspiegelter Sonnenbrille den Weg zum morgendlichen Cappuccino. Lässig warf der Sonnenbrillen-Typ seine zwei Euro über uns hinweg auf den Tresen, der Wirt brachte gerade noch ein *„grazie, dottore"* heraus. Heute klappte nun alles, der Wind stand gut und der Ballon schwebte mit uns in den flimmernden Morgenhimmel, die Aussicht war einfach atemberaubend. Anschließend gingen wir in die **Kapitolinischen Museen,** die älteste öffentliche Kunstsammlung des Abendlandes. Hier war es angenehm leer, kühl und ruhig im Gegensatz zum Rummel auf dem **Kapitolsplatz** davor. Auch wenn sie vom sauren Regen angenagt ist, gefiel uns das Original der **Mark-Aurel-Statue** im Museum besser als die Kopie des Kaisers auf dem Platz. Überall im Museum stehen Statuen berühmter alter Männer, die alle ähnlich aussehen. Nur Pythagoras, der eine Art Bandana aus Marmor trägt, haben wir uns genauer angeschaut, weil wir seinen Satz gerade in Mathe durchnehmen. Da wir in Museumslaune waren, haben wir noch das **Pasta-Museum** hinter dem Trevi-Brunnen besucht. Ganz nett, aber die Säle mit Nudelmaschinen sind auch nicht allzu spektakulär.
In einer Seitengasse des Pantheons fanden wir danach endlich den coolen Laden wieder, den wir am Vortag gesucht hatten. Wir kramten eine halbe Stunde in 60er-Jahre-Ohrringen und Handtaschen. Mama setzte sich auf die Ladentreppe und las Zeitung, bis wir unseren Kaufrausch befriedigt hatten.
PS: Natürlich warfen wir eine Münze in den Trevibrunnen. Purer Aberglaube, aber wir wollen ja wiederkommen.

*Text: Alessandra Fiedler und Andrea Fischer*

Essen und Singen verboten: Jugendtreff Spanische Treppe

## FITNESS UND ERHOLUNG

(L 1) **De Russie Spa**
Perfekte Entspannung bietet das Kraulen im 12 Meter langen Pool oder die sanfte Massage im 32 Grad warmem Whirlpool. Das Spa des Luxushotels „De Russie" bietet ein komplettes Verwöhnprogramm mit Sauna, Fitness-Center, Massagen, Shiatsu, Aromatherapie und Ayurveda. Auch Filmschauspieler wie etwa Leonardo di Caprio steigen hier manchmal ab. Spa für externe Gäste 29 €, Massagen ab 50 €.
**Via del Babuino 9**
**Tel. 06 32 88 81, www.roccofortehotels.com** *tgl. 7-21 Uhr*

(I/K 5) **Maracaibo Sun**
Wer ohne Strandurlaub gebräunt nach Hause kommen will, kann sich im kleinen „Centro di Benessere" in Trastevere auf die Sonnenbank legen. Massagen rund 35 €.
**Via del Moro 52**
**Tel. 065 81 00 66**
**www.maracaibosun.it,** *Di-Sa 10-21, Mo 14-21 u. So 14-20 Uhr*

(K 4) **Spazio Danza**
Bodybuilding, Spinning, Gymnastik, Stretching, Aerobic, Jazz Dance, aber auch Bauchtanz- und Flamenco-Stunden bietet das Fitness-Institut nicht weit von Campo de' Fiori und Piazza Navona an. Schnupperkurs 8 €, Tageskarte 10,50 €.
**Via Monte della Farina 14**
**Tel. 06 68 80 54 54**
*Mo-Fr 9-21.45, Sa 9-19.45 Uhr*

## GOLF

(B 1) **Olgiata Golf Club**
Je zweimal gastierten die Weltmeisterschaften und die „Open d'Italia" auf dem 27-Loch Platz. Außerhalb solcher Meisterschaften schlagen hier die Reichen und Schönen Roms ab.
**Largo Olgiata 15, ca. 20 km nordwestlich von Rom bei La Storta, Tel. 06 30 88 91 41**
**www.olgiatagolfclub.it**
*Di-Fr 60 €, Sa u. So 90 € pro Tag, 9-24 Uhr, Mo geschl.*

## LAUFEN

### Joggen
Früher gingen die Römer picknicken, heute hecheln ganze Familien durch die lauschigen

Gepflegtes Grün und weite Fairways im Golfclub Olgiata

Stadtparks. Vermutlich liegt es auch an den hohen Mitgliedsbeiträgen privater Sportklubs, dass viele Hauptstädter das Joggen und Walken für sich entdeckt haben. In den Parks der Villa Borghese, der Villa Ada oder der Villa Pamphili finden Freizeitsportler denn auch jede Menge Gesellschaft beim morgendlichen Lauf.

### Marathon
Jeder, der sich stark und fit fühlt, kann mitmachen. Im März starten jedes Jahr rund 9000 Läufer zum großen Frühlingsmarathon, der vom Kolosseum an den klassischen Sehenswürdigkeiten vorbei zur Via dei Fori Imperiali führt. Für Läufer mit weniger Ausdauer gibt es auch eine 5-km-Kurzstrecke.
**Maratona di Roma**
**www.maratonadiroma.it**

## SCHWIMMEN

In Rom herrscht Schwimmbad-Notstand. Es gibt zwar teure Clubs, doch nur wenige öffentliche Pools, eine Folge der Misswirtschaft der früheren Bürgermeister. Immerhin organisiert die Stadtverwaltung im Rahmen des Estate Romana, des Römischen Sommerfestivals, ein Sportprogramm für all jene Städter, die nicht zwei Monate in die Ferien fahren können:

(C 2) **Mondofitness**
40 Sportarten auf 30 000 Quadratmetern rund um das Foro Italico, das größte römische Sportzentrum in der Nähe des Olympia-Stadions. Spinning, Aerobica, Beach Volleyball nahe am Tiber gehören seit einigen Jahren zu den Attraktionen der römischen Ferien.
**Viale di Tor di Quinto 57**
**www.mondofitness.com**
*tgl. 10-24 Uhr*

(C 3) **Piscina delle Rose**
Großes Schwimmbad im Olympia-Park des Stadtviertels EUR, geöffnet vom 15. Mai bis 15. September.
**Viale America 20**
**Metro B Palasport**
**Tel. 065 92 67 17**
**www.piscinadellerose.it**
*Mo-Fr 10-22, Sa, So 9-22 Uhr Eintritt 15 €, nur von 10-14 Uhr 12 €, mittags 13-16 Uhr 8 €, 14-19 Uhr 12 €*

(L 1) **Aldrovandi Palace Hotel**
Sich edel treiben lassen: extravaganter Pool im Fünf-Sterne-Hotel bei der Villa Borghese. Von Mai bis Oktober geöffnet.
**Via Aldrovandi 15**
**Tel. 063 22 39 93**
**www.adrovandi.com**
*tgl. 10-18 Uhr, Mo-Fr 40 € Sa, So und feiertags 60 €*

## MERIAN | TIPP

### Edles aus Leder

Die Lieblingstasche ist schäbig, abgewetzt und kein Ersatz aufzutreiben? Rosanna Sirni hilft anspruchsvollen Kunden, die eigene Kreation zu verwirklichen. Die 63-jährige Designerin verliebte sich vor vier Jahrzehnten nicht nur in ihren Mann, sondern auch in seine Arbeit als Täschner. Heute verkauft sie ihre eigene Kollektion in vielen Farben und aus feinstem Leder, das aus Mailand, Florenz, Neapel oder Frankreich kommt. Sie fertigt aber auch Wunschmodelle für die internationale Kundschaft aus London und New York, die bei ihr das passende Theatertäschchen zu Pumps und Abendkleid in Auftrag gibt. Auch an Europas Königshöfen schätzt man Sirnis Arbeit: Für die Hochzeit des dänischen Prinzen Joachim 1995 ließ die Mutter von Königin Margrethe die nötigen Taschen bei Sirni anfertigen.

**(K 3) Rosanna Sirni**
**Via della Stelletta 33**
**www.sirnipelletteria.it**
*Mo-Sa 9-13.30, 14.30-20 Uhr*
*Mo im Winter 15-20*
*Sa im Sommer 9-13 Uhr*

## KIRCHLICHE SOUVENIRS

Rund um den Vatikan, in der Via della Conciliazione etwa und im Borgo Pio, liegen zahlreiche Devotionalienhandlungen, in denen Rosenkränze, Reliquien und religöser Nippes im Überfluss zu haben sind.

(H 2) **Borgo Shop**
Papst-Lollies und Keramikminiaturen. Außerdem Krippen, byzantinische Ikonen und Mosaiken.
**Borgo Pio 63-65**
*Mo-Sa 9-19, So 10-14 Uhr*

(H 2) **Turella Adriana**
Wer auf Kitsch steht, wird hier mit Sicherheit fündig: Heiligenbilder, Rosenkränze und Statuetten in allen Varianten.
**Borgo Pio 78/82-83**
*Mo-Sa 9-13, 15.30-18.30 Uhr*

## MODE, ACCESSOIRES UND DESIGN

(K 4) **Agostara**
Von Gläsern über Vorhänge bis zur Lampe – Paola Agostara verkauft alles, was ihr selbst gefällt. Und sie hat einen guten Geschmack.
**Via dei Chiavari 8**
*Mo-Sa 10-13.30 Uhr*
*15.30-19.30 Uhr*

(L 2) **Alexander**
Stars und Starlets finden in der extravaganten Boutique unweit der Spanischen Treppe den letzten Schrei aus New York und Paris.
**Piazza di Spagna 49**

(K 3) **Amati & Amati**
Das kleine Geschäft nahe der Piazza Navona führt Exklusives aus Leder, Leinen, Wolle oder Glas.
**Via dei Pianellari 21**
*mittags geschl.*

(K 6) **Azi**
Besen, die als Kunststück an die Wand gehängt werden sollen, Fußabtreter, Wärmflaschen in Herzform, kleine Lampen – das große Angebot besticht durch Originalität, ist aber nicht billig.
**Via S.Francesco a Ripa 168**
*mittags geschl.*

(K 4) **Baullà**
Die kleine Boutique zwischem Campo de' Fiori und Piazza Farnese hat ausgefallene Modelle für jede Größe und jedes Alter parat. Im Winter Schals und schicke Hausschuhe.
**Via dei Baullari 37**
*Di-Sa 9-19.30 Uhr*

**Platz für italienisches Design: Bei „Eleonora" wird Mode und Schmuck auf 400 Quadratmetern extravagant präsentiert**

(N 4) **Bigiotteria Artigianale**
Fabio Piccioni sucht in Europa und den USA Schmuck aus den 20er Jahren und kreiert eigene Modelle aus den Perlen, die die Regale seiner Boutique im Viertel Monti füllen. Für historische Filmproduktionen fertigt er Colliers und Ringe an.
**Via del Boschetto 148**
*Di-Fr 10.30-20 Uhr*

(L 3) **Bottega Artigiana**
Rita Tegolini entwirft originelle Jacken und Kleider aus Wolle oder Leinen, ihr Mann Antonio Ferretti fertigt dazu bunte Taschen.
**Via di San Ignazio 38**
*Di-Fr 10-13, 15-19.30 Uhr*
*im Aug. geschl.*

(L 2/3) **Bottega Veneta**
Exklusive Handtaschen, Schuhe, Lederjacken und die passenden Sonnenbrillen.
**Piazza San Lorenzo in Lucina 7/13**
*Mo-Sa 10-19 Uhr*

(L 4) **Bracci-Camiceria**
Ein maßgeschneidertes Hemd dauert hier zwei Wochen und kostet 50 €, vorgefertigte Herrenhemden aus feinen Stoffen gibt es ab 35 €. Chef Antonio kauft selbst die Stoffe in Norditalien ein und lässt sie im eigenen Studio verarbeiten. Auf Wunsch Versandservice auch für Kunden nördlich der Alpen.
**Via dei Funari 18**
*mittags und im Aug geschl.*

(L 2) **Fabrizio Bulckaen**
Die modernen Schuhe, zu 90 Prozent aus eigenem Haus, sind auch bei den Römern beliebt. Im Angebot außerdem Modelle junger spanischer und italienischer Designer.
**Via del Babuino 158**
*Di-Sa 10-20, Mo 15-20 Uhr*
*Sa 15-19.30 Uhr*

(L 3) **Caleffi**
Manager, Bankchefs und Politiker erstehen hier ihr Outfit, egal ob fürs Büro oder für den Ausflug in mondäne Bade- und Skiorte. Die Schuhe fertigt ein Florentiner Handwerker eigens für den feinen Laden vor dem Parlament an.
**Via Colonna Antonina 53**
*Di-Fr 9-19.30, Mo 15.30-19.30, Sa 10-19.30 Uhr*

(L 2) **Choses de Cachemire**
Pullover, Jacken, Twinsets, Handschuhe, Hüte, Schals in allen möglichen Farben, aber alle nur aus einem Material:

allerfeinster Kaschmir aus dem Himalaya.
**Via del Babuino 105**
*Mo-Sa 10-19 Uhr*

(L 3) **Cenci**
Alles für den Herrn vom klassischen Anzug bis zum sportlichen Schuh, Damen finden in dem noblen Geschäft Kostüme, Strickwaren, Blusen und Schuhe.
**Via di Campo Marzio 4/7**
*mittags geschl.*

(L 2) **Cravatterie Nazionali**
Angenommen, der Staatspräsident lädt Sie überraschend ein: Hier finden Sie garantiert die richtige Krawatte für jeden Geschmack und die passenden Herrensocken von hellgrün bis dunkelblau noch dazu.
**Via Vittoria 62**
*Di-Sa 9.30-19.30 Uhr*
*Mo 15.30-19.30 Uhr*

(L 2) **Eleonora**
Kultboutique auf 400 Quadratmetern mit roten Samtsofas, Swarovski-Schmuck und Mode von Gucci, Dolce & Gabbana und Galliano.
**Via del Babuino 97**

(L 2) **Ethic Outlet**
Auf Jagd nach günstigen Schnäppchen? Alles aus der Ethic-Kollektion des Vorjahres zum halben Preis.
**Via delle Carrozze 20**
*Mo-Sa 10.30-19.30 Uhr*

(K 2) **Ferrari Store**
Käppchen, Taschen und Schirme für Formel-1-Fans, ein Lenkrad wie in Schumis Superauto gibt's für 5000 €.
**Via Tomacelli 147/152**
*Mo-Sa 10-19.30 Uhr*

(L 2) **Fabriano**
Feine Umschläge, Schreibpapier oder Fotoalben in Leder vom Luxusschreibwarenhändler aus der Region Marken.
**Via del Babuino 173**
*Di-Sa 10-19.30 Uhr*
*Mo 12-19.30 Uhr*

(L 2) **Fiorentini**
Hier kann sich der Kunde seinen Lieblingsspruch binnen weniger Stunden auf Stein gravieren lassen. Kosten je nach Länge ab 10 €. Mittags ist eigentlich geschlossen, aber da der 77-jährige Enrico sein Brot und ein Gläschen Wein meistens im Laden verzehrt, macht er auf, wenn jemand klopft.
**Via Margutta 53b**

(L 3) **La Rinascente**
Kaufhäuser sind den Römern zu anonym, sie mögen lieber den persönlichen Kontakt zum Verkäufer. Das erste Kaufhaus der Stadt, La Rinascente, hat sich aber wegen seiner Qualität auf meheren Etagen seit Generationen durchgesetzt.
**Via del Corso/Ecke Largo Chigi**

(K 4) **Marlowe**
Jacken, Jeans, Pullis für den sportlichen Herrn. Junge Männer unter 40 finden hier auch Anzüge und Hemden für besondere Anlässe.
**Via di Torre Argentina 72**
*mittags geschl.*

(K 3) **Massimo Maria Melis**
Hier werden antike Edelsteine oder wertvolle Münzen in Gold und Silber zu ganz besonderen Schmuckstücken gefasst.
**Via dell'Orso 57**
*Mo-Sa 9-13, 15.30-19 Uhr*

(L 4) **Materie**
Origineller Modeschmuck, Schals, modische Taschen aus Stoff und exklusive Designer-Accessoires. Entsprechend gehoben sind die Preise.
**Via del Gesu 73**
*Mo-Sa 10-20 Uhr, drei Wochen im August geschl.*

## SHOPPING-MEILEN

# Straße der Modefürsten

### Das Viertel zu Füßen der Spanischen Treppe wird von der *Alta Moda* regiert

Hier residieren die Fürsten der Schneiderzunft und des Schuhhandwerks: Yves Saint Laurent gleich vor dem Barcaccia-Brunnen rechts an der Via Condotti, daneben Prada, quer gegenüber stellt Bulgari seine Preziosen aus. Andy Warhol sagte, ein Besuch in diesem Schmuckgeschäft sei „ein Ereignis wie eine Vernissage". Normale Laufkundschaft lässt Bulgari denn auch gar nicht erst über die Ladenschwelle. Nicht weniger edel sind die Boutiquen in der parallel verlaufenden Via Borgognona, hier haben unter anderem die Schwestern Fendi und die Strickmodenkönigin Laura Biagiotti ihre Filialen. Bis zur Via Vittoria Richtung Piazza del Popolo und der Via della Vite Richtung Regierungsviertel reiht sich eine Edelboutique an die nächste, in der Via del Babuino haben sich außer schicken Modegeschäften auch viele Antiquitätenhändler angesiedelt.

**Teures Vergnügen: Shopping auf der Via Condotti**

### Top-Adressen

(L 2) Armani Via Condotti 76
(L 2) Emporio Armani Via del Babuino 139 a
(L 2) Armani Jeans Via del Babuino 70a
Brioni (N 2) Via Barberini 79, (L 2) Via Condotti 21 a
(L 2) Cavalli Roberto Via Borgognona 7
(L 2) Dolce & Gabbana Via Condotti 51/52
(L2) Krizia Piazza di Spagna 87
(L 2) Magli-Schuhe Via del Gambero 1
(L 2) Missoni Piazza di Spagna 78
(L 2) Prada Via Condotti 94, Via del Babuino 91
(L 2) Tod's-Schuhe Via Borgognona 45/46
(L 2) Valentino, Valentino Alta Moda Piazza Mignanelli 22
(L 2) Valentino Donna Boutique Via Condotti 13
(L 2) Valentino Uomo Boutique Via Bocca di Leone 15
(L 2) Versace Jeans Couture, Via Frattina 116
und Via Bocca di Leone 26/27

### Preiswerte Shopping-Paradiese

Erschwinglicher wird das Shopping bereits am Corso, der Hauptstraße Roms, die von der Piazza del Popolo zur Piazza Venezia führt. Zwischen dem ältesten Kaufhaus Roms, La Rinascente, und der Galleria Colonna, einer Einkaufspassage, beginnt die Via del Tritone mit günstigen Läden. Interessante Geschäfte bietet auch die Via Nazionale oder die Via Cola di Rienzo auf der anderen Seite des Tibers. Mehrere preiswerte Läden liegen in der Via Merulana, schicke, nicht zu teure Boutiquen im Viertel Monti, etwa in der Via dei Serpenti. Für preisbewusste Teenies ist die Via Giubbonari am Campo de' Fiori eine Fundgrube.

## MERIAN | TIPP

### Chic mit Asia-Stoffen

Modedesigner Letterio spielte sich beim Bridge in die Höhen der italienischen Nationalmannschaft, bis er sich vor einigen Jahren auf seine erste Leidenschaft besann: die Mode. Schon als 13-Jähriger entwarf er erfolgreich Kleider für seine ältere Schwester. „Mich faszinieren vor allem Farben", sagt Letterio, seine Boutique in Trastevere sieht aus wie ein bunter Edel-Basar. Tatsächlich spürt er mit seinem Partner Giuseppe in Indien die feinen Seidenstoffe auf, aus denen die beiden später Blusen, Abendkleider, Hosen und Röcke kreieren. Schauspielerin Nicoletta Braschi kleidet sich hier genauso gern ein wie Politikerinnen und die römische High Society. Auf Wunsch werden Modelle auch maßgefertigt.

(I 5) **Scala Quattordici**
**Via della Scala 13-14**
*Di-Sa 10-13.30, 16-20 Uhr*
*Mo nur 16-20 Uhr, im Aug. zwei Wochen um den 15. geschl.*

## Öffnungszeiten

Früher galt für die Ladenöffnungszeiten eine eiserne Regel: 9-13 und 16-20 Uhr. Geschlossen blieben die Bekleidungs- und Schuhgeschäfte in der Sommerzeit oft am Samstag Nachmittag, im Winter fast immer am Montag Morgen. Seit die Öffnungszeiten der Geschäfte in Italien liberalisiert wurden, haben immer mehr Geschäfte in der Innenstadt ganztags auf, dafür erst ab 10 Uhr. Samstag gilt inzwischen als langer Arbeitstag für die Geschäfte. Nur im August haben die Touristen schlechte Karten: Um Ferragosto, 15. August, ist die Innenstadt so gut wie ausgestorben.

**Traditionskaufhaus La Rinascente: Qualität seit Generationen**

(C 4) **Castel Romano Outlet**
Die Shopping-Mall mit über 90 Boutiquen liegt nur 15 Kilometer südlich von Rom und lohnt einen Ausflug. Von Schuhen über Kinderbekleidung bis zum Kochtopf ist alles zu finden. Es gibt Touristen, die sich hier gleich für die ganze Saison mit Designermode zu Schnäppchenpreisen eindecken. Versace, Gai Mattioli, Dolce & Gabbana und Bruno sind nur einige der angebotenen Labels. Anfahrt mit dem Auto auf dem Grande Raccordo Anulare über Ausfahrt 26 zur Via Pontina, abzweigen bei der Ausfahrt Castel Romano. Oder über die Via Cristoforo Colombo zur Via Pontina.
Mit öffentlichen Verkehrsmitteln: Metro B bis Laurentina, von dort Bus; Taxi ca. 35 €
**Tel. 065 05 00 50**
*tgl. 10-21 Uhr*

(L 4) **Moriondo & Gariglio**
Geschmackvolle Verpackungen für kleine Geschenke: Bei Moriondo werden Mitbringsel in Schokoladenherzen oder -schachteln verpackt. Die Bonbons kann man auch ohne Innenleben kaufen und verzehren. Moriondo ist der älteste Süßwarenhändler Roms, den der italienische König bei der Einigung Italiens als seinen Hoflieferanten aus Turin nachholte.
**Via del Piè di Marmo 21-22**
*Mo-Sa 9-19.30 Uhr*
*im Aug. geschl.*

(K 3) **Piovano**
Alessandra Piovano setzt extravagante Mosaiken aus kleinen Marmorsteinen oder Glas zusammen und fertigt sie nach Bestellung individuell für ihre Kunden an. Handarbeit hat ihren Preis: Eine Tischplatte mit 60 Zentimeter Durchmesser kostet etwa 600 Euro.
**Via dell'Orso 26**
*Mo-Sa 9-13, 15-19.30 Uhr*

(K 4) **Roma Store**
Fanshop des Fußballvereins der Serie A: Den Ball mit der Kapitolinischen Wölfin, dem Wahrzeichen Roms, gibt's hier genauso wie Trikots von Promi-Kickern wie Francesco Totti – auch in Kindergrößen.
**Piazza B. Cairoli 119**
*mittags geschl.*

(E 4) **Spazio Sette**
Designerware mit Chic vom Vorhang bis zum Himmelbett. Schon die mit Fresken ausgemalten Gewölbe lohnen einen Besuch.
**Via dei Barbieri 7**
*Mo-Sa 9.30-13, 15.30-19.30 Uhr, mittags geschl.*

(K 3) **Taro**
Marisa Pignataro entwirft originelle und farbenfrohe Strickkleider, Jeansjacken und exklusive Hüte.
**Via della Scrofa 50**
*Di-Fr 9.30-14, 15.30-19.30 Uhr*

(K/L 2) **Tod's**
Die exklusive Schuhmarke stammt aus der Region Marken. In den 80er Jahren hat Tod's den sportlichen Halbschuh mit Gummisohle weltweit salonfähig gemacht.
**Via Fontanella Borghese 56a**
*Mo-Sa 10-19.30 Uhr*

(M 3) **Upim**
Großes Kaufhaus mit gut sortiertem Angebot, für römische Verhältnisse preiswert.
**Via del Tritone 172**

## MÄRKTE

(I 7) **Flohmarkt Porta Portese**
Taschen, Gürtel, Sonnenbrillen, Jeans und mehr – seit der Euro auch in Italien die Preise für Kleidung und Schuhe in die Höhe trieb, herrscht auf Roms größtem Trödelmarkt wieder Hochbetrieb. Second-Hand-Ware, aber auch Novitäten.
**Viale di Trastevere/Piazza Ippolito Nievo, Tram 8**
*sonntags 5-14 Uhr*

(K 2) **Piazza Fontanella Borghese**
Atlanten, Folianten, Geschichtliche Werke, Romane – eine wahre Fundgrube für alle Bibliophilen.
**Piazza Borghese, Bus: 116**
*Mo-Sa 9-19 Uhr*

(O/P 4) **Piazza Vittorio**
Der preiswerteste und größte Gemüse-, Fisch- und Geflügelmarkt der Stadt. Der Olivenölhändler aus den Sabiner Bergen steht neben dem indischen Gewürzstand, chinesische Heilkräuter finden Sie hier ebenso wie afrikanisches Gemüse.
**Piazza Vittorio Emanuele**
**Metro A: Vittorio**
*Mo-Sa 6-13.30 Uhr*

(M 2) **Underground**
Einmal pro Monat wird die Tiefgarage Ludovisi zum Trödelmarkt, auf dem mit Omas Kleidern, Antiquitäten und Kitsch gehandelt wird.
**Via Francesco Crispi 96**
**Bus 116, Metro A: Barberini**
*erster Sonntag im Monat 10.30-19.30 Uhr*

**Lang lebe der Kitsch: Flohmarkt Porta Portese**

RÜCKBLICK

# 1871 – Roma Capitale

## Der Papst gab auf, Rom wurde Hauptstadt

Am **20. September 1870** – das Datum kennt jedes italienische Schulkind – stürmten die italienischen Truppen Rom und schlugen bei der **Porta Pia** die entscheidende Bresche in die Aurelianische Mauer. Auf Michelangelos Kuppel wurde die weiße Fahne gehisst: **Papst Pius IX.** gab nach neunjährigem Kampf gegen die italienische Unabhängigkeitsbewegung auf, der Stellvertreter Petri zog sich schmollend als „freiwilliger Gefangener“ hinter seine Vatikanmauern zurück. Damit wurde Rom 1871 unter brausendem Applaus der Einwohner die endgültige Hauptstadt des jungen Königreichs. Nach über 1000-jähriger Herrschaft war das **Ende des Kirchenstaates,** zu dem weite Teile Mittelitaliens gehört hatten, besiegelt. Das neue Königreich garantierte dem Stellvertreter Christi sein geistliches Amt, die freie Verfügung über den Vatikan, den Lateranpalast und die päpstliche Sommerresidenz in Castel Gandolfo. **Pius IX.** ließ sich jedoch nicht so einfach abspeisen. Die jährliche Pension von 3,25 Millionen Lire lehnte er ab und finanzierte die Kirchenregierung unter anderem mit dem „Peterspfennig“, den Spenden der Katholiken. Das Oberhaupt der katholischen Kirche exkommunizierte außerdem die „Usurpatoren“ Roms. Erst **1929,** also 59 Jahre und vier Päpste später, schloss wiederum ein Pius auf dem Stuhl Petri die berühmten **Lateran-Verträge** mit dem italienischen Staat ab. **Pius XI.** hatte schon zum Auftakt seiner Amtszeit **1922** die Bereitschaft dazu signalisiert. Anders als seine Vorgänger, die sich geweigert hatten, das „Urbi et Orbi“, den Segen für die Stadt und den Erdkreis auf dem Peterplatz zu erteilen, sondern ihn stattdessen demonstrativ im Inneren der Basilika sprachen, spendete er nach seiner Wahl den Segen auf der Loggia mit Blick auf Rom. Die Zeit für ein Ende des politischen Boykotts, mit dem etwa die Heiligen Väter seit 1870 allen Italienern das Votum bei Parlamentswahlen verboten hatten, war reif. Dem damaligen Regierungschef **Mussolini** passte die versöhnliche Geste gut ins Konzept. Der Duce, im Ausland mit Skepsis betrachtet, war offenbar froh, Frieden mit der katholischen Kirche zu schließen. Mit der **Via della Conciliazione,** der breiten Prunk- und Zufahrtstraße zu **St. Peter**, der ganze Straßenzüge im Borgo-Viertel geopfert wurden, revanchierte sich der Faschist beim Heiligen Vater. Die Stadt auf den sieben Hügeln blieb eine **„Heilige Stadt“.** Der Katholizismus war einzige Staatsreligion, Scheidung nach den Verträgen tabu und nur eine Annullierung von Ehen durch die Kirche möglich. Dafür wurde der Kirchenstaat offiziell abgeschafft und der Vatikanstaat, der kleinste der Welt, aus der Taufe gehoben.

**Kardinal Gasparri und Mussolini unterzeichnen die Lateranverträge**

**753 v. Chr.** Gründung der Stadt am 21. April, laut Legende von Romulus.
**510 v. Chr.** Der letzte von sieben etruskischen Königen, Tarquinius Superbus, wird verjagt, es folgt die Ära der Römischen Republik und mit ihr die Unterwerfung weiter Teile Italiens – die Plebejer erobern sich im Laufe der Jahrhunderte mehr Mitspracherecht von den adeligen Patriziern.
**264 - 241 v. Chr.** Erster Punischer Krieg gegen Karthago um die Macht im Mittelmeer.
**218 - 201 v. Chr.** Zweiter Punischer Krieg. Hannibal überquert die Alpen.
**149 -146 v. Chr.** Dritter Punischer Krieg mit Zerstörung Karthargos. Innere Unruhen gefährden die Republik, Cäsar wird zum Diktator ernannt und 44 v. Chr. ermordet.
**27 v. Chr. -14. n. Chr.** Oktavian regiert als Friedenskaiser Augustus, Rom wird zur Metropole mit rund einer Million Bürger.
**80 n. Chr.** Der Bau des Kolosseums, von Vespasian begonnen, wird von Titus eingeweiht.

**Karikatur von 1860: Freiheitskämpfer Garibaldi bietet Papst Pius IX. die Jakobinermütze an**

**313 n. Chr.** Gleichstellung des Christentums mit den übrigen Religionen unter Konstantin.
**395** Teilung in Ost- und Weströmisches Reich.
**410** plündern die Westgoten unter Alarich die Stadt.
**455** Überfall der Vandalen.
**476** zerbricht das Weströmische Reich, Rom hat noch 50 000 Einwohner, mit Papst Gregor dem Großen beginnt die weltliche Macht des Papsttums.
**800** Karl der Große wird im Petersdom zum Kaiser gekrönt.
**1075** Beginn des Investiturstreits zwischen Papst Gregor VII. und Kaiser Heinrich IV.

**Roms Legende: Die Kapitolinische Wölfin säugt Romulus und Remus**

**1143/44** Revolte der Bevölkerung gegen Papst und Adel, Wiedereinrichtung eines Senats, Wiederherstellung der päpstlichen Souveränität 1155 durch Friedrich Barbarossa.
**1510** Martin Luther zürnt, für ihn ist Rom ein Hort des Antichrist.
**1527** Sacco di Roma – Plünderung durch kaiserliche Landsknechte von Karl V.
**1545-63** Mit dem Konzil von Trient und der Gegenreformation festigen die Päpste wieder ihre Macht.
**1800/01** Napoleon überfällt erneut die Stadt, setzt den Papst ab und ernennt 1811 seinen neugeborenen Sohn zum „König von Rom“. Der Wiener Kongress stellt 15 Jahre später den Kirchenstaat wieder her.
**1870** Italienische Truppen ziehen am 20. September bei der Porta Pia ein. Rom wird 1871 Hauptstadt des Königreichs Italien.
**1922** „Marsch auf Rom“ und Diktatur der Faschisten. Der Duce Benito Mussolini will Italiens Größe wieder herstellen – im Zweiten Weltkrieg wird er Verbündeter Hitlers.
**1929** Lateranverträge.
**1938** Rassengesetze gegen Juden nach deutschem Muster.
**1939-45** Zweiter Weltkrieg.
**1944** Die Alliierten befreien Rom von den deutschen Truppen, die die Stadt seit 1943 besetzt haben.
**1946** Ausrufung der Republik.
**1957** Unterzeichnung der Europa-Verträge auf dem Kapitol.
**1976-85** regiert die Kommunistische Partei in Rom.
**1993** Im Sog der Korruptionsermittlungen Rücktritt des sozialistischen Bürgermeisters Carraro. Wahl einer grün angehauchten Mitte-Links-Koalition, die bis heute unter Bürgermeister Walter Veltroni regiert.
**2000** Nach langer Restaurierung erstrahlt Rom im Heiligen Jahr in neuem Glanz.

**Sehenswert**
Arco di Costantino (Konstantinsbogen) ........ M/N 5
Arco di Tito (Titusbogen) ........ M 5
Borsa (Börse) ........ L 3
Campo Santo Teutonico ........ G 3
Caracalla-Thermen ........ N 7
Castel Romano ........ C 4
Catacombe di Priscilla ........ C 2
Cinecittà ........ D 3
Circo Massimo ........ M 6
Città del Vaticano (Vatikan) ........ F/G 2/3
Cloaca Maxima ........ L 5
Colonna di Marco Aurelio (Mark-Aurel-Säule) ........ L 3
Colonna di Traiano (Trajanssäule) ........ M 4
Domus Aurea ........ N 5
Engelsburg ........ I 2/3
E.U.R.-Viertel ........ C 3
Fontana di Trevi ........ L 3
Foro di Augusto ........ M 4
Foro di Cesare ........ M 4
Foro di Traiano ........ M 4
Forum Romanum ........ M 5
Kolosseum ........ N 5
Monumento a Vittorio Emanuele II ........ L 4
Nekropole San Callisto ........ C 3
Palatin ........ M 5
Palazzo Chigi ........ L 3
Palazzo Madama ........ K 3
Palazzo Montecitorio ........ L 3
Palazzo del Quirinale ........ M 3
Palazzo Senatorio ........ L/M 4
Pantheon ........ K 3
Parco della Musica ........ C 2
Piramide di Caio Cestio (Cestiuspyramide) ........ C 2
Spanische Treppe ........ L 2
Stadio Olimpico (Olympiastadion) ........ C 2
Tempio di Vesta (Vestatempel) ........ L 5
Terme di Diocleziano ........ O 3
Tomba di Cecilia Metella ........ C/D 3
Via Appia Antica ........ C/D 3

**Straßen, Plätze, Brücken**
Campo de'Fiori ........ K 4
Corso Vittorio Emanuele II ........ K/L 4
Piazza Colonna ........ L 3
Piazza dei Cavalieri di Malta ........ L 6
Piazza del Popolo ........ K 1
Piazza della Repubblica ........ N 3
Piazza della Rotonda ........ K 3
Piazza di Porta Portese ........ K 6
Piazza di Spagna ........ L 2
Piazza Farnese ........ K 4
Piazza Navona ........ K 3
Piazza Paradiso ........ K 4
Piazza San Pietro (Petersplatz) ........ G/H 3
Piazza Testaccio ........ K/L 7
Piazza Venezia ........ L 4
Ponte Garibaldi ........ K 5
Ponte Sant'Angelo ........ I 3
Ponte Umberto I ........ K 3
Via del Corso ........ L 3/4
Via della Conciliazione ........ H 3
Via Giulia ........ I 4
Via Veneto ........ M 2

**Kirchen**
Basilica dei Ss. XII Apostoli ........ L 3/4
Chiesa del Sacro Cuore del Suffragio ........ K 2
Chiesa Nuova ........ I 3
Dives in Misericordia ........ D 2
Il Gesù ........ L 4
San Clemente ........ O 5
San Giovanni in Laterano ........ P 6
San Ignazio ........ L 3
San Lorenzo in Panisperna ........ N 4
San Luigi dei Francesi ........ K 3
San Pancrazio ........ G 6
San Pietro in Montorio ........ I 5
San Pietro in Vaticano (Petersdom) ........ G 3
San Pietro in Vincoli ........ N 4
Sant'Agostino ........ K 3
Santa Cecilia in Trastevere ........ K 6
Santa Maria degli Angeli ........ N 2/3
Santa Maria del Popolo ........ K 1
Santa Maria dell'Anima ........ I/K 3
Santa Maria dell'Orazione e Morte ........ I 4
Santa Maria della Concezione ........ M 2
Santa Maria della Pace ........ K 3
Santa Maria in Cosmedin ........ L 5
Santa Maria in Tempulo ........ N 7
Santa Maria in Trastevere ........ I 5
Santa Maria Maggiore ........ O 4
Santa Maria sopra Minerva ........ L 3/4
Santa Prassede ........ O 4
Santa Sabina ........ L 6
Ss. Cosima e Damiano ........ M 5
Ss. Giovanni e Paolo ........ N 6
Trinità dei Monti ........ L/M 2

**Museen**
Casa di Goethe ........ K/L 1
Crypta Balbi ........ L 4
Galleria Doria Pamphilj ........ L 4
Musei Capitolini ........ L 5
Museo Barracco ........ K 4
Museo della Civiltà Romana ........ C 3
Palazzo Altemps ........ K 3
Palazzo Barberini ........ M 2/3
Palazzo Corsini, Galleria Naz. d'Arte Antica ........ I 4/5
Palazzo Massimo ........ K 4
Thermenmuseum ........ O 2
Vatikanische Museen ........ G 2
Villa Borghese ........ M 1
Villa Farnesina ........ I 4

**Parks und Gärten**
Monte Gianicolo ........ H 4/5
Orto Botanico ........ H/I 5
Parco Adriano ........ I 2
Parco degli Aranci ........ L 6
Parco di Porta Capena ........ M 7
Parco di San Alessio ........ L 6
Parco di Traiano ........ O 4
Villa Borghese ........ M 1

**Roms sieben Hügel**
Aventino ........ L 6
Capitolino ........ L/M 5
Celio ........ N/O 6
Esquilino ........ N/O 5
Palatino ........ M 5
Quirinale ........ M 3
Viminale ........ N 3

(L 2) **The Inn at the Spanish Steps**
Über dem Antico Caffè Greco. Die exklusiven 18 Zimmer in der vierten und fünften Etage haben Holzdecken und sind mit Fresken verziert. In der obersten Etage großartiger Blick über die Dächer Roms.
Via Condotti 85
Tel. 06 69 92 56 57
Fax 066 78 64 70
www.atspanishsteps.com
€€€€

(K 4) **Tizi**
Signora Rosa spricht Deutsch, sie lebte 18 Jahre in Frankfurt. Zehn einfache Zimmer, mit und ohne Bad. Zwischen Bahnhof und Via Veneto.
Via Collina 48, Bus 38
Tel. 064 82 01 28
Fax 064 74 32 66 €€

(I 5) **Trastevere**
Zimmer mit Blick auf den Gemüsemarkt, wegen solider Preise am besten lange im Voraus reservieren.
Via Luciano Manara 25
Tel. 065 81 47 13
Fax 065 88 10 16
www.hoteltrastevere.com
€€€

**Villa Aventino**
Im ruhigen Viertel Aventino liegt die Villa aus dem 19. Jh., das Frühstück wird im Garten unter Organgenbäumen serviert. Helle, große Zimmer. Zum Hotel gehört die Dependance Villa San Pio.
(L 6) Villa Aventino
Via San Domenico 10
Tel. 065 78 36 04
Fax 065 78 32 14
www.aventinohotels.com
€€€€

(L 7) Villa San Pio
Via di Santa Melania 19
Tel. 065 74 52 31
Fax 065 74 11 12
www.aventinohotels.com
€€€€

## BED AND BREAKFAST

Als zum Heiligen Jahr 2000 rund 20 Millionen Pilger erwartet wurden, richteten vieler Römer B&B-Zimmer ein. Das half zwar, den Mangel an Quartieren zu lindern, aber nicht alle B & B-Quartiere halten den versprochenen Standard. Wer kofortabel wohnen will, muss auch bei den Privatzimmern mit ca. 100 € pro Nacht und DZ rechnen. Die Organisation „Caffèlletto" in Mailand (Tel. 023 31 18 14, www.caffelletto.it) bietet mehrere luxuriöse Quartiere in Rom für bis zu 100 € pro Nacht, einige davon in schönen Palästen der Altstadt. Billigere Zimmer gibt es zum Beispiel bei **dolce casa (www.dolcecasa.it)** ab 30 € oder bei der **Bed and Breakfast Association of Rome, Tel. 06 55 30 22 48 www.b-b.rm.it** mit 100 Adressen.

**Landhaus-Ferien in der Metropole: die großzügige Villa Aventino**

(N 5/6) **Biocasa**
Private Herberge im Viertel Celio, fünf Minuten vom Kolosseum entfernt. Die Besitzerin hat ihre Wohnung im Naturstil renoviert, spricht Englisch, gibt auch Italienisch-Unterricht und serviert zum Frühstück gesunde Bio-Kost. DZ 90 €, das Bad müssen die Gäste allerdings mit der Signora teilen.
Via Annia 62, Bus 117
Metro B Colosseo
Tel. 06 45 42 57 07
anita.bruno@tiscali.it
www.biocasacolosseo.com

(K 3) **Casa Navona**
Schon lange ein Geheimtipp bei angelsächsischen Touristen: vier 50 Quadratmeter-Apartments in der Innenstadt, nahe der Piazza Navona, Holzdecken, edle Möbel, zu mieten nur für mindestens zwei Nächte, DZ ca. 160 €, drei Personen 220 €.
Piazza di Tor Sanguigna 11
Tel. 06 64 52 00 00
www.casanavona.it

(I 5) **P. Viola**
Drei kleine Apartments in einer der schönsten Ecken von Trastevere unweit der Piazza Santa Maria, ruhig und gepflegt.
Via della Paglia 44
Tel. 32 92 08 88 08
Fax 06 45 43 30 95
p.viola@tiscalinet.it

## KLOSTER-HERBERGEN

(H 3) **Deutsches Pilgerzentrum**
Eine Liste von Pilgerunterkünften und Klöstern (z.T. auch mit deutschsprachigem Empfangspersonal) vermittelt das deutsche Pilgerzentrum Don Antonio direkt beim Vatikan.
Via della Conciliazione 51
00193 Roma
Tel. 066 89 71 97
Fax 066 86 94 90
pilgerzentrum@libero.it
www.pilgerzentrum.de

(G/H 3) **Maria Santissima Bambina**
Zimmer für 40 € inkl. Frühstück, Vollpension 54 €.Das kirchliche Haus liegt direkt neben dem Petersdom, die Pförtnerei schließt im Sommer um 23 Uhr, sonst bereits um 22.30 Uhr.
Via Paolo VI. 21
Tel. 06 69 89 35 11
Fax 06 69 89 35 40

(K 3) **Padre Giovanni Minozzi – Colleggio**
35 Euro pro Person verlangt das Kolleg für eine Übernachtung in einfachen Zimmer. Der Vorteil ist die Top-Lage neben der Piazza Navona, der Nachteil, vor allem für junge Leute: Bei Padre Giovanni werden abends um 23 Uhr die Pforten geschlossen.
Via dei Gigli d'Oro 15
Tel. 066 86 45 61
Fax 066 83 27 73

(G 3) **Residenza Madri Pie**
Die Nonnen der Residenzia Madri Pie nicht weit von der Petersbasilika bieten Zimmer in einem kinderfreundlichem Haus mit eigenem Garten, sogar Parkmöglichkeiten sind vorhanden. DZ 110 €.
Via Alcide de Gasperi 4
Tel. 06 63 19 67
Fax 06 63 19 89
www.residenzamadripie.it

MERIAN | TIPP

**Modigliani als Pate**
Als Hommage an den Maler und Bildhauer Amedeo Modigliani betreibt der frühere Fernsehjournalist und Kinderbuchautor Marco di Tillo seit drei Jahren eines der originellsten Hotels in Rom. Sein Haus in bester Lage besticht durch außergewöhnliches, modernes Design, die Zimmer zum Innenhof haben kleine Terrassen mit weitem Blick über die Stadt. Besonders zu empfehlen ist die Suite 602 für zwei bis vier Personen. Von hier sehen die Gäste in der sechsten Etage beim Blick aus dem Fenster auf der einen Seite auf den Palast des Staatspräsidenten auf dem Quirinalshügel und auf der anderen Seite auf die Kuppel des Petersdoms samt dem Gianicolo-Hügel im Hintergrund. Der kleine mediterrane Garten mit Olivenbaum und blühenden Pflanzen im Innenhof ist eine grüne Oase im lauten Zentrum.
(M 2) Modigliani
Via della Purificazione 42
Tel. 06 42 81 52 26
Fax 06 42 81 47 91
www.hotelmodigliani.com
€€€

**Im Design am Meister der Moderne orientiert: Restaurant im Modigliani**

(I 1) **Casa Valdese**
Im ruhigen Viertel Prati gelegenes Gästehaus in einer Gründerzeit-Villa der Waldenser Kirche, 56 Zimmer mit Dusche und WC, familiäre Atmosphäre.
Via Alessandro Farnese 18
Tel. 063 21 53 62
Fax 063 21 18 43
valdese.roma.vch.de
€€€

(K 4) **Della Lunetta**
Leicht verstaubt: eines der wenigen Häusern im Zentrum, das noch nicht renoviert wurde und nicht teuer ist. Zimmer mit und ohne Bad, gute Lage nahe dem Campo de' Fiori.
Piazza del Paradiso 68
Tel. 066 86 10 80
Fax 066 89 20 28
www.albergodellalunetta.it €€

(L 2) **D'Inghilterra**
Traditionshotel erster Klasse. In den Räumen des Palazzo aus dem 17. Jh. hat sich schon so manches gekrönte Haupt zur Ruhe gebettet. Nahe den Nobelgassen Via Condotti und Borgognona.
Via Bocca di Leone 14
Tel. 06 69 98 11
Fax 06 69 92 22 43
www.hoteldinghilterraroma.it
€€€€

(M/N 4) **Grifo**
Einfaches Haus mit 21 Zimmern – auch Vierbett-Räume – im schönen Monti-Viertel. Sechs Zimmer gehen direkt auf die Frühstücksterrasse.
Via del Boschetto 144
Bus 64, 70
Tel. 064 87 13 95
Fax 064 74 23 23
www.hotelgrifo.com €€

(K 4) **In Parione**
Nur zwei Sterne, aber tipptopp renoviert. Die Zimmer sind klein, aber die Bäder mit Marmor verkleidet. Von Nummer 304 geht der Blick auf die Kuppel San Carlo ai Cattinari.
Via dei Chiavari 32
Tel. 066 89 23 30
Fax 066 83 40 94
www.inparione.com €€

(O/P 2) **Lachea**
Zwei-Sterne-Haus unweit der Deutschen Botschaft beim Bahnhof. Preiswert, aber laut.
Via San Martino della Battaglia 11, Bus 492
Tel. 064 95 72 56
Fax 064 45 46 65 €€

(N 5) **Lancelot**
Nicht weit von Forum Romanum und Celio-Hügel. Von den oberen Zimmern gute Aussicht aufs Kolosseum. Garten und Terrasse gehören zum Haus, auch behindertengerechte Zimmer.
Via Capo d'Africa 47
Tel. 06 70 45 06 15
Fax 06 70 45 06 40
www.lancelothotel.com €€€

(H 3) **La Rovere**
Originell möbliert und ruhig gelegen, angenehmes Haus mit Dachterrasse, Zimmer 302 und 303 mit Blick Richtung St. Peter, nettes Ambiente.

**Palazzo mit farbenfrohem Interieur: Lobby im Hotel Art**

Vicolo S'Onofrio 4-5
Tel. 06 68 80 67 39
Fax 06 68 80 70 62
www.hotellarovere.net €€€

(P 4) **Laurentia**
Hotel im Universitätsviertel San Lorenzo, hoher Standard, hell und sauber.
Largo degli Osci 63
Tel. 064 45 02 18
Fax 064 45 38 21
www.hotellaurentia.com €€

(K 1) **Locarno**
Das Jugendstilhaus mit Wiener Charme neben der Piazza del Popolo war Fassbinders Lieblingsquartier. Kleiner Garten und Fahrräder für Gäste.
Via della Penna 22
Tel. 063 61 08 41
Fax 063 21 52 49
www.hotellocarno.com €€€

(L 1) **Margutta**
Einfaches Haus in bester Lage zwischen der Piazza del Popolo und Piazza di Spagna.
Via Laurina 34
Tel. 063 22 36 74
Fax 063 20 03 95 €€

(L 3) **Parlamento**
Beliebt bei Politikern. Kleines Etablissement in den oberen Etagen eines Palazzo aus dem 16. Jh. Einige Zimmer mit Jacuzzi, exzellentes Preis-Leistungsverhältnis.
Via delle Convertite 5
Tel. u. Fax 06 69 92 10 00
www.hotelparlamento.it €€

(K/L 4) **Pensione Barretta**
Pension im zweiten Stock in zentraler Lage. Der Eingangsraum ist mit Bildern überladen, die Zimmer sind schlicht. Dreifach verglaste Fenster zum lauten Largo Torre Argentina.
Largo Torre Argentina 47
Tel. 066 86 84 81
Fax 066 89 29 71
*kein Frühstück* €€€

(L 1/2) **Piranesi**
Das Nobelhaus gehört der Familie Cesari, einem Clan von Textilbaronen, die auch im eigenen Hotel nicht mit Samt und Seide gegeizt haben. Dachterrasse zur Piazza del Popolo, die Rezeption organisiert für die Gäste gern sportliche Aktivitäten wie Tennis, Reiten und Golf.
Via del Babuino 196
Tel. 06 32 80 41
Fax 063 61 05 97
www.hotelpiranesi.com
€€€€

(H 2) **Sant' Anna**
Gepflegtes Haus in einem Palazzo des 16. Jh. beim Vatikan. Malereien an den Wänden.
Borgo Pio 133
Tel. 06 68 80 16 02
Fax 06 68 30 87 17
www.travel.it/roma/santanna
€€€€

(K 4) **Santa Chiara**
Top-Lage direkt hinter dem Pantheon. Seit Generationen wird das komfortable und elegant restaurierte Stadthotel von der Familie Corteggiani geführt.
Vicolo del Piede 2
Tel. 065 89 46 26
Fax 065 89 48 15
www.albergosantachiara.com
€€€

(K 4) **Smeraldo**
Gute Adresse unweit vom Campo de' Fiori. Zwei kleine Terrassen mit Blick auf die Altstadt.
Vicolo dei Chiodaroli 9
Tel. 066 87 59 29
Fax 06 68 80 54 95
www.smeraldoroma.com €€

(N/O 3) **Sonya**
Solides Haus gegenüber der Oper im Stadtteil Monti.
Via del Viminale 58
Tel. 064 81 99 11
Fax 064 88 56 78
www.hotelsonya.it €€€

(M 2) **Suisse**
Zwei-Sterne-Pension mit zwölf großen Zimmern zwischen Spanischer Treppe und Via Veneto. Die Zimmer Nr. 37-39 zum Innenhof sind am ruhigsten.
Via Gregoriana 54
Tel. 066 78 36 49
Fax 066 78 12 58
www.hotelsuisserome.com
€€€

(K 4) **Teatro di Pompeo**
Zentral gelegen, nahe des Campo de' Fiori, Frühstück im Kellerraum, in dem Spuren aus der Römerzeit zu sehen sind.
Largo del Pallaro 8
Tel. 06 68 30 01 70
Fax 06 68 80 55 31
www.hotelteatrodipompeo.it
€€€

**Übernachten im früheren Kloster: Innenhof des Hotels Santa Maria**

MERIAN-Stadtplan
ROM
F
G
H
I
K
1
2
3
4
5
6
7
CITTÀ DEL VATICANO
Vatikanische Gärten
Pinacoteca
Vatikanische Museen
Stanze di Rafaello
Appartamento Borgia
Belvedere
Sixtinische Kapelle
Scala Regia
Petersdom
Petersplatz
Pza. S. Pietro
S. Marta
Eliporto
Radio Vaticana
S. Stefano
Stazione
Campo Santo Teutonico
Nervi-Halle
Lgo. Pta. Cavalleggeri
Piazzale degli Eroi
Cipro Musei Vaticani
Ottaviano San Pietro
Lepanto
Pza. del Risorgimento
Prati
Piazza Cavour
Parco Adriano
Engelsburg
Ex Palazzo di Giustizia
Sacro Cuore del Suffragio
Ara Pacis Augustae
Mausoleo di Augusto
Pal. Borghese
Casa di Goethe
Accademie Naz. di S. Cecilia
Auditorium
Tevere (Tiber)
Pza. Pia
Napoleonico
S. Salvatore in Lauro
Pal. Altemps
S. Agostino
S. Maria d. Pace
S. Luigi d. Francesi
Pal. Madama
P. Parione
S. Maria d. Anima
F.d. Fiumi
S. Agnese in Agone
Navona
Chiesa Nuova
S. Giov. d. Fiorentini
Pal. Sacchetti
Pasquino
Pal. Braschi, Mus. di Roma
Pal. Massimo
Pal. d. Cancelleria
Museo Barracco
Regola
Pza. Campo d. Fiori
S. Girolamo alla Carità
Pal. Falconieri
Pal. Farnese
S. Maria d. Monte
Pal. Spada
Galleria Arco Farnese
S. C. ai Catinari
Pigna
Divi Gregorio VII
Stazione di San Pietro
Maria Addolorata
Studio S. Miscetti
Faro della Vittoria
Monte Gianicolo
Villa Farnesina
Pal. Corsini Gal. Naz. d'Arte Antica
Orto Botanico
Villa Torlonia
Ple. Giuseppe Garibaldi
Mon. a G. Garibaldi
Torre del Drago
Villa Abamelek
Aurelio
Villa Fioridi
Pza. Trilussa
Mus. in Travestevere
S. Maria in Trastevere
I. Tiberina
Trastevere
S. Pietro in Montorio
Font. d. Acqua Paola
Porta S. Pancrazio
Porta S. Pancrazio
Largo Tre Giugno 1849
S. Pancrazio
Villa Doria Pamphilj
Villa Sciarra
S. Cecilia in Trastevere
S. Francesco a Ripa
Porta Portese
Piazza Ippolito Nievo
Via Aurelia Antica
Via Aurelia
Viale Vaticano
Via Cola di Rienzo
Via Crescenzio
Corso Vittorio Emanuele II
Lungotevere della Farnesina
Viale di Trastevere
Viale Gregorio VII
Lungotevere Testaccio

L
M
N
O
P
1
2
3
4
5
6
7
Galoppatoio
Villa Borghese
Villa Medici
Spanische Treppe
Trinità dei Monti
Sallustiano
Ludovisi
Castro Pretorio
Biblioteca Nazionale
Colonna
Trevi
Min. d. Difesa
Mus. Naz. Romano Thermenmuseum
Terme di Diocleziano
Pza. d. Repubblica
Pza. dei Cinquecento
Stazione Centrale Roma Termini
M. Quirinale
Pal. del Quirinale
Fontana di Trevi
Teatro dell'Opera
M. Viminale
S. Maria Maggiore
Pza. M. Fanti
Piazza Venezia
Pal. Venezia
Monti
Piazza Vittorio Emanuele II
M. Capitolino
Forum Romanum
Basilica di Massenzio
Kolosseum
Piazza del Colosseo
Arco di Costantino
M. Esquilino
Domus Aurea
Parco di Traiano
Campitelli
M. Palatino
S. Clemente
Via Labicana
Viale Manzoni
Piazza S. Giovanni in Laterano
San Giovanni in Laterano
Scala Santa
Circus Massimo
M. Aventino
Ripa
Monte Celio
Villa Celimontana
Stadio delle Terme
Caracalla-Thermen
Piazza Albania
San Saba
Piazzale Numa Pompilio
Parco d. Scipioni
Porta Appia
Via Appia Nuova
Kirche, Kloster
Theater
Museum
Denkmal
Information
Markt
Brunnen
Parkplatz
Metro
Stadtmauer
Fußgängerzone
0
300 m
© MERIAN-Kartographie

Hotel Capo d'Africa: Dinner auf der Dachterrasse mit Blick auf die Kirche SS. Quattro Coronati

## Palast für Pilger

Ist es ein Kloster, Pilgerzentrum oder ein charmantes Hotel? – Ein bisschen von allem. In der prächtigen **Casa di Santa Francesca Romana** in Trastevere lebte einst die Heilige Franziska Romana, die sich aufopfernd um Arme und Kranke kümmerte. Jetzt gehört der Prachtbau der Diözese von Rom. Die 35 Zimmer haben Bad, Klimaanlage und Internetanschluss. Ein lauschiger Innenhof lädt zum Entspannen ein. Die Preise sind moderat, ganz so, wie es der Heiligen Francesca gefallen würde. (Ein DZ kostet ca. 100 €) Einzige Einschränkung für Nachtschwärmer: Um zwei Uhr früh wird die schwere Pforte geschlossen.

**(K/L 5) Casa di Santa Francesca Romana**
**Via dei Vascellari 61**
**Tel. u. Fax 065 81 21 25**
**065 88 24 08**
**istituto@sfromana.it €**

## HOTELS

(K 4) **Albergo del Sole**
Die beliebte Bleibe für deutsche Studenten neben dem Campo de' Fiori wurde renoviert. Die Preise sind gestiegen, das Flair ist geblieben, die schöne Dachterrasse auch. Wegen der guten Aussicht besonders beliebt sind die Zimmer 418-421.
Via del Biscione 76
Tel. 06 6 87 94 46
Fax 066 89 37 87
www.solealbiscione.it €€

(L 1) **Aldovrandi Palace Hotel**
Das Nobelhotel neben dem Park Villa Borghese hat einen großen Garten mit alten Pinien und Schwimmbad. Im Mai 2004 eröffnete Starkoch Alfonso Iaccarino, der seit Jahrzehnten ein Zwei-Sterne-Haus südlich von Neapel führt, ein neues Gourmet-Restaurant.
Via Ulisse Aldovrandi 15
Tel. 063 22 39 93
Fax 063 22 14 35
www.aldovrandi.com €€€€

(H/I 2) **Arcangelo**
Gründerzeit-Villa mit 33 Zimmern. Von der Dachterrasse geht der Blick auf die Kuppel des nahegelegenen Petersdoms.
Via Boezio 15, Bus 70, 280
Tel. 066 87 41 43
Fax 066 89 30 50
www.travel.it/roma/arcangelo
€€€

(K 4/5) **Arenula**
Das kleine Hotel im alten Judenviertel ist wie alle Häuser mit moderaten Preisen meistens Monate im voraus ausgebucht. Die Zimmer zum Innenhof sind ruhiger.
Via Santa Maria
dei Calderari 47
Tel. 066 87 94 54
Fax 066 89 61 88
www.hotelarenula.com €€€

(L 1/2) **Hotel Art**
Die weißen Mauern des früheren Internats geben den passenden Rahmen für das fröhliche, bunte Design im Inneren. Die neu eingerichtete Herberge liegt in der Künstlerstraße Via Margutta unweit der Spanischen Treppe. Sauna und Fitness-Center gehören zum Haus.
Via Margutta 56
Tel. 06 32 87 11
Fax 06 36 00 39 95
www.hotelart.it €€€€

Noblesse oblige: Stilmöbel zieren die Zimmer im Aldovrandi

(H 2) **Bramante**
Das kleine Haus, das Baumeister Fontana im 16. Jh. während der Arbeiten am Petersdom bewohnte, liegt direkt neben dem Passetto, dem Fluchtgang der Päpste zwischen Engelsburg und Vatikan. Hier steigen auch Geistliche gerne ab.
Vicolo delle Palline 24
Tel. 06 68 80 64 26
Fax 066 813 33 39
www.hotelbramante.com
€€€

(M 2) **Barocco**
Die Zimmer und Suiten des restaurierten Palazzo an der Piazza Barberini sind stilvoll möbiliert und mit Marmorbädern ausgestattet. Sehr zu empfehlen sind die Zimmer mit Blick auf Berninis Neptun-Brunnen.
Via della Purificazione 4
Tel. 064 87 20 01
Fax 06 48 59 94
www.hotelbarocco.com
€€€€

(K 4) **Campo de' Fiori**
Der schmale Palazzo beim Campo de' Fiori bietet Zwei- bis Vier-Bett-Zimmer zu vernünftigen Preisen und ist oft ausgebucht. Das Hotel vermietet auch Apartments rund um den Marktplatz.
Via del Biscione 6
Tel. 066 87 48 86
Fax 066 87 60 03
www.hotelcampodefiori.com
€€

(N 5) **Capo d' Africa**
Das 2002 eröffnete Haus unweit vom Kolosseum besticht durch seine schicke und farbenfreudige Einrichtung, schöne Frühstücks- und Sonnenterrasse, Fitnessraum.
Via Capo d'Africa 54
Metro B Colosseo
Tel. 06 77 28 01
Fax 06 77 28 08 01
www.hotelcapodafrica.com
€€€€

(CD 2) **Carlo Magno**
Geschmackvoll erneuertes Haus mit gepflegtem Ambiente und großer Terrasse im Gründerzeitviertel Nomentana, nicht ganz zentral, aber mit guter Busverbindung ins Zentrum.
Via Sacco Pastore 13
Bus 34, 90, Tel. 068 60 39 82
Fax 068 60 43 55
www.carlomagnohotel.com
€€€

# MERIAN

Heft 9/2004, September, Erstverkaufstag dieser Ausgabe ist der 26.08.2004

**MERIAN erscheint monatlich** im Jahreszeiten Verlag GmbH, Poßmoorweg 5, 22301 Hamburg Tel. 040/27 17-0, Fax 040/27 17-20 56 **Anschrift der Redaktion:** Harvestehuder Weg 42, 20149 Hamburg Postfach 130444, 20139 Hamburg, E-Mail: Redaktion@Merian.de, Tel. 040/441 88-231, 441 88-240 Fax 040/441 88-310 **Website:** www.merian.de **Leserservice:** Postfach 601220, 22212 Hamburg Tel. 040/87 97 35 40, Fax 040/27 17 - 20 79

**Herausgeber:** Manfred Bissinger
**Chefredakteur:** Andreas Hallaschka
**Art Directorin:** Sabine Lehmann **Chef vom Dienst:** Tibor M. Ridegh
**Redakteure:** Kathrin Sander, Charlotte von Saurma, Thomas Gebhardt (freie Mitarbeit), Thorsten Kolle (freie Mitarbeit) **Redakteurin dieses Heftes:** Swantje Strieder (freie Mitarbeit) **Schlussredaktion:** Tibor M. Ridegh, Jasmin Wolf **Layout:** Katharina Holstein-Sturm, Ingrid Koltermann, Dorothee Schweizer (stellv. Art-Direktorin) **Bildredaktion:** Hanni Rapp, Eva M. Ohms, Michael Kleehaupt (freie Mitarbeit), Maria von Rospatt (freie Mitarbeit) **Bildredakteurin dieses Heftes:** Eva M. Ohms **Kartographie:** Peter Münch **Dokumentation:** Jasmin Wolf, freie Mitarbeit: Dr. Ulrike Schimming, Torsten Terraschke, Petra Wiechmann, Andrea Wolf **Mitarbeit:** Helmut Golinger, Amiyo Ruhnke, Babett Walter **Herstellung:** Karin Harder **Redaktionsassistenz:** Sabine Birnbach, Katrin Eggers, Sabine Richter **Geschäftsführung Premium Magazine:** Peter Rensmann **Verlagsleitung Premium Magazine:** Oliver Voß **Gesamt-Anzeigenleitung:** Roberto Sprengel **Anzeigenleitung:** Christel Janßen **Anzeigenstruktur:** Patricia Hoffnauer **Marketing:** Kenny Machaczek, Ulrich Rieger, Sonja Wünkhaus **Vertriebsleitung:** Jörg-Michael Westerkamp (Zeitschriftenhandel), Thilo Heller (Buchhandel) **Verantwortlich für den redaktionellen Inhalt:** Andreas Hallaschka **Verantwortlich für Anzeigen:** Roberto Sprengel

**Verlagsbüros Inland:**
Hamburg: Tel. 040/27 17-25 95, Fax -2520, E-Mail: vb-hamburg@jalag.de
Berlin: Tel. 030/80 96 23-60, Fax -70, E-Mail: vb-berlin@jalag.de
Hannover: Tel. 0511/85 61 42-0, Fax -19, E-Mail: vb-hannover@jalag.de
Düsseldorf: Tel. 0211/901 90-0, Fax -19, E-Mail: vb-duesseldorf@jalag.de
Frankfurt: Tel. 069/97 06 11-0, Fax -44, E-Mail: vb-frankfurt@jalag.de
Stuttgart: Tel. 0711/966 66-520, Fax -22, E-Mail: vb-stuttgart@jalag.de
München: Tel. 089/99 73 89-30, Fax -44, E-Mail: vb-muenchen@jalag.de

**Repräsentanzen Ausland:**
Basel: Intermag AG, Tel. +4161/275 46-09, Fax -10, E-Mail: info@intermag.ch
Brüssel: Publicitas Media, Tel. +322/639 84-29, Fax -40, E-Mail: ibellis@publicitas.com
Danderyd: Annonsbolaget JB Media AB, Tel. +46/8753 96 04, Fax 708753240, E-Mail: anette@annonsbolaget.se
Frederiksberg: Jungersted & Brostrøm, Tel. +45/33 22-20 20, Fax -9959, E-Mail: gitte.schuler@jbmedia.dk
London: The Powers Turner Group, Tel. +44 20/7630 99 66 Fax 76 30 99 22, E-Mail: cweiss@publicitas.com
Mailand: Media & Service International Srl, Tel. +39 02/48 00 61 93, Fax 48 19 32 74, E-Mail: info@it-mediaservice.com
Paris: International Magazine Company, Tel. +331/53 64 88 91, Fax 45 00 25 81, E-Mail: imc@international.fr
Madrid: AMB Publicidad y Marketing, S.L., Tel. +34 91/300-54 54, Fax -5181, E-Mail: ambp@retemail.es
Wien: Verlagsbüro Kepreda, Tel. +43 1/87 71 78-2, Fax 877 87 11, E-Mail: 1@kepreda-jahreszeitenverlag.at
New York: The Russell Group Ltd., Tel. +12 12/213 11-55, Fax -60, E-Mail: info@russellgroupltd.com

Die Premium Magazin Gruppe im Jahreszeiten Verlag

A&W Architektur & Wohnen · COUNTRY · DER FEINSCHMECKER · WEIN Gourmet · MERIAN

Gülige Anzeigenpreisliste: Nr. 37d



Preis im Abonnement im Inland monatlich 6,37€ inklusive Zustellung frei Haus. Der Bezugspreis enthält 7% Mehrwertsteuer. Auslandspreise auf Nachfrage. Postgirokonto Hamburg 132 58 42 01 (BLZ 200 100 20) Commerzbank AG, Hamburg, Konto-Nr. 611657800 (BLZ 200 400 00) Führen in Lesemappen nur mit Genehmigung des Verlages. Printed in Germany

Weitere Titel im Jahreszeiten Verlag: Für Sie, petra, vital, PRINZ, A&W Architektur & Wohnen, COUNTRY, DER FEINSCHMECKER, WEINGourmet, schöner reisen, ZuhauseWohnen, SelberMachen
Litho: Alphabeta Druckformdienst GmbH, Hamburg. Druck und Verarbeitung: heckel GmbH, Nürnberg, schlott Gruppe
ISBN: 3-7742-6828-2, ISSN 0026-0029 MERIAN (USPS No. 011-458) is published monthly.
The subscription price for the USA is $ 110 per annum. K.O.P.: German Language Publications, Inc., 153 South Dean Street, Englewood NJ 07631.
Periodicals postage is paid at Englewood NJ 07631, and at additional mailing offices. Postmaster: send address changes to: MERIAN, German Language Publications, Inc. 153 South Dean Street, Englewood NJ 07631.

JAHRES ZEITEN VERLAG

*Ein Unternehmen der*
GANSKE VERLAGSGRUPPE

Der Titel zeigt das Kolosseum bei Nacht, fotografiert von John Lawrence

## Bildnachweis

Anordnung im Layout: o=oben, u=unten, r=recht, l=links, m=Mitte.
Titel: John Lawrence/Getty Images; S.5 ol Michael Müller; ml Guido Cozzi/Atlantide;or Gerald Hänel, mr, ur Samuel Zuder; S.6/7 Frank Chmura/Panoramic Images/ Premium Stock Images; S.6 mr G. Hänel, S.7 ml S. Zuder, mr Reuters/ Corbis, lu 1990. Photo Scala, Florence, ur G.Simione/Bild-archiv Huber; S.10 lo Peter Schickert/Das Fotoarchiv; ur Omniroma; S.12ol Marco Ravasini/Il Dagherrotipo, or Nicolas Cornet /Agentur Focus, u Jerzy Modrak/Bilderberg; S.14 o Franck Guiziou/Hemisphere,ml Remo Casilli/Grazia Neri/Ag. Focus, ur Marco Ravasini/Il Dagherrotipo; S.15 o La malfa Team/Grazia Neri/Ag.Focus, u G. Hänel; S.18/19 Milan Horacek/Bilderberg; S.20/21 Tommaso Bonaventura/ Contrasto/Ag. Focus; S.22/23 Guido Cozzi/Atlantide; S.24/ 25 Patrick Durand/Corbis; S.26/27 Guido Cozzi/Atlantide; S.28/29 Fulvio Zanettini/laif; S.31 Remo Casilli/Grazia Neri/Ag. Focus; S.34/35 bis S.41 G. Hänel; S.42/43 bis S.47 S. Zuder; S.48/ 49 James L. Stanfield/ National Geographic Society, S.50 ol Massimo Siragusa/ Contrasto/Ag. Focus, S.50/51 Gianni Giansanti/Grazia Neri/Ag.Focus; S.52/53 Toyohiro Yamada/ Getty Images; S.54 Massimo Siragusa/ Contrasto/Ag.Focus; S.55 or, l AgostinoPaccani/Agntur Anzenberger, u Roberto Caccuri/ Contasto/Ag.Focus; S.56 ol James L.Stanfield/NGS; S.56 or Roberto Caccuri/ Contrasto/Ag.Focus, u, 57 Massimo Siragusa/ Contrasto/ Ag. Focus; S.58 ol James L.Stanfield/ NGS, or, u, S.59 dpa, ur Arturo Mari/L'osservatore Romano; S.60 AKG/Erich Lessing; S.62/ 63 Tommaso Bonaventura/ Contrasto/ Ag. Focus; S.64/ 65 James L. Stanfield/NGS; S.66/67 Gil Giulio/Hemisphere; S.68 Alamy, S.69 Giuseppe Carfagna; S.70 Ferdinando Sciana/Magnum/ Ag.Focus; S.71 Milan Horacek/Bilderberg; S.72 T. Bonaventura/ Contrasto/ Ag. Focus; S.74 ul T. Bonaventura Contrasto/Ag. Focus, ur A. Pacciani/Ag. Anzenberger; S.76/77 Sando Vannini/ Mauritius; S.78, 79 ol Klaus Frahm/Artur, S.79 or Zaha Hadid Architects, S.80 Patrick Hertzog/ AFP/ Getty Images/ E-Lance Media; S.82/ 83, 85 ml G. Hänel; S.85 ol R.Kutter, or G. Carfagna, S.86 1990, Photo Scala, Florence, courtesy of the Ministerio Beni e Att. Culturali; S.88/89 bis 94 S. Zuder; S.97 Fulvio Zanettini/ laif; S.103 Fabio Cuttica/ Contrasto/ Ag.Focus; S.104, 106u Frieder Blickle/Bilder-berg; S.105, 106 o Marco Ravasini/Il Dagherrotipo; S.107 u foodpicto; S.108/109 Giovanni Simione/ Bild-agentur Huber; S,110 l, mo, r Gamma/Studio X, m Giorgio Oddi/ Il Dagherrotipo; S.111 Werner Dietrich/ Arco Images; S.112 , 113 ol Photo Scala, Florence; S.113 om Stefano Amantini/ Schapowalow Atlantide, or Raffaele Celentano/ laif, u Stefano Chieppa/Il Dagherrotipo; S.114 l, m, r, lu Photo Scala, Florence, om Lonely Planet Images ; S.115 Giovanni Simione/Bildagentur Huber; S.116 Giansanti/ Grazia Neri/ Ag. Focus; S.117 o, 120 G.Hänel; S.120/121 Giovanni Simione/Bildag. Huber, S.121 u Udo Bernhard; S.122 lu G. Hänel, 122/ 123 Udo Bernhard, S.123 Franco Soda; S.124 lo André Rival/Ag. Focus, u F. Soda, S.125 Rainer Martini/look; S.126 U. Bernhard; S.127 Frieder Blickle/ Bilderberg; S.128 l,o,Blickle/ BB; 129 r Hänel, S.130 roYao, Zhang/Cosmos/ Ag. Focus, l Trattoria Corsi; S.131 St. Armantini/ Atlantide; S.132 Roberto Caccuri/ Contrasto/ Ag.Focus; S.133, 134 G.Hänel; S.135 Eligio Paoni/ Contrasto/ Ag.Focus; S.137 Rainer Martinni/look; S.138 o Peter Schickert/Das Fotoarchiv, u Kristensen/laif; S.140 AKG; S.143 G.Hänel; S.148 o Daniele Mattioli/Ag.Anzenberger, ml Alamy, u Kevin Judd/cephas/ stockfood; **Illustrationen:** S.75 Jürgen Willbarth; S.79 u Lorenzo Confortini; S.84/85 u AKG-images/Peter Connolly; S.87 Merian Karthographie

Strände à la Südsee: Golden Bay im Abel Tasman National Park

Offene Stadt: Prächtige Ausblicke aus Wellingtons Cable Car

Wein-Weltruhm: Winzer aus Martinborough

## MERIAN Neuseeland erscheint am 23.9.

**Aus dem Inhalt dieses Heftes:**

- Abenteuer Natur: Die großen Wege, die schönsten Radrouten
- Begnadete Winzerhände: Pinot Noir de Luxe
- Kaikoura oder die Rückkkehr der Pottwale
- Liebeserklärungen dreier Schriftsteller an ihre neue Heimat
- Nachhilfekurs für Neuseeländer: Wie werde ich Maori?
- Wwoof: Der etwas andere Urlaub auf dem Bauernhof

Freuen Sie sich auf die nächsten MERIAN-Ausgaben:
London, Hongkong, Kalifornien, Slowenien, Berlin

Zuletzt erschienen:

August 2004

Juli 2004

Juni 2004

Mai 2004

April 2004

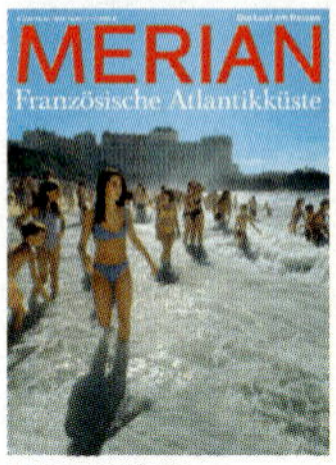


März 2004